수학 홈스쿨을 위한 몇 가지 조언

Q 저도 어려서 수학을 못 했는데 잘 가르칠 수 있을까요?

A '수학을 하기는 해야 하지만, 재미 없고 힘들다.' '수학은 대학을 가기 위한 방편일 뿐이다.' 부모님들이 이렇게 생각하면 아이도 은연중에 이런 사고방식을 갖기 쉽습니다. 수학은 문제를 해결하는 능력과 논리적인 사고력을 키우기 위한 과목입니다. 중요한 것은 수학에 대한 부모님의 태도이고, 더 중요한 것은 수학을 왜 하는지 아이보다 먼저 아는 겁니다.

Q 홈스쿨을 할 때 부모가 직접 문제를 풀어야 하나요?

A 부모님은 문제를 대하는 태도만 가르쳐 주세요. 설사 아이가 문제를 풀지 못하더라도 "넌 이것도 모르니?"라며 큰소리치지 마세요. 생각하는 과정이 중요한 거라며 자신감을 북돋워 주면 아이의 사고력은 스스로 확장합니다.

Q 수학 놀이 쉽게 할 수 있을까요? 혹시 귀찮거나 복잡한 건 아닌지…….

A 간단한 수학 놀이가 많습니다. 아이와 함께 퍼즐을 맞춰도 좋고, 간단한 교구, 또는 일상생활의 물건들을 이용해서 충분히 할 수 있어요. 부모님이 바쁘시더라도 일주일에 30분만 시간을 내서 아이와 같이 놀아 주세요. 공부도 중요하지만 이 시기에 부모님과의 스킨십이 더 중요하답니다.

Q 학교 수학 vs. 학원 수학, 교과서 vs. 문제집? 어떤 게 더 좋은 걸까요?

A 아이가 교과서를 싫어한다면, 과감하게 교과서에서 벗어나 생활 속의 놀이를 알려주세요. 문제집과 학원은 학교 수업과 상호보완적인 것만은 분명합니다. 아이의 취약점을 부모님이 먼저 파악한 뒤 집에서 맞춤형으로 교육해 주는 것이 중요해요. 엄마는 아이에게 최고의 선생님이니까요!

청어람미디어

엄마표 수학 홈스쿨

초등 1,2학년

청어람미디어

1판 1쇄 찍은날 2012년 2월 23일
1판 1쇄 펴낸날 2012년 3월 1일

지은이 어린이를 위한 수학교육연구회
펴낸이 정종호
펴낸곳 (주)청어람미디어

책임편집 이현정
편집 윤숙형 정미진 김희정 맹한승 조은미
디자인 김세은
마케팅 김홍석 이수지
제작·관리 박정은
인쇄·제본 상지사P&B

등록 1998년 12월 8일 제22-1469호
주소 121-895 서울시 마포구 서교동 400-3 아산빌딩
전화 02)3143-4006~8
팩스 02)3143-4003
이메일 chungaram@naver.com

ISBN 978-89-92492-95-9 13370
잘못된 책은 구입하신 서점에서 바꾸어 드립니다. 값은 뒤표지에 있습니다.

엄마표 수학 홈스쿨

어린이를 위한 수학교육연구회 지음

청어람미디어

아이에게 최고의 수학 선생님은 누구일까?

"우리 아이 수학, 집에서 어떻게 봐줘야 할까요?"

초등학교 1, 2학년 자녀를 둔 부모님들은 아이를 학원에 보내기보다는 집에서 공부를 시키고 싶어 하시지요. 그래서 이런 고민이 더 절실하시리라 생각합니다.

시중에 자녀의 수학 교육에 대한 많은 책들이 나와 있지만 대부분은 부모님들의 경험담을 담고 있습니다. 부모님이 직접 시행착오를 겪으며 얻은 노하우야말로 값진 것이지만, 교사가 보기에는 부모님들의 홈스쿨이 학교 수학과는 별개로 진행되는 느낌이어서 아쉬움이 들곤 했답니다.

더욱이 최근의 수학 홈스쿨 책은 취학 전 아이들을 대상으로 한 수학 놀이를 주로 담고 있습니다. 수학 놀이에 익숙한 아이들은 학교 공부를 시작하면서 딱딱하고 어려운 수학에 어려움을 느끼기 쉽습니다. 이제 홈스쿨에도 학교 수학을 제대로 접목할 필요성이 더 커지고 있는 셈입니다.

이 책은 이런 필요성에서 나온 책입니다. '부모들의 노하우'가 아닌 '현직 교사들의 노하우'를 담아, 교사들의 시각에서 보는 초등학생을 위한 홈스쿨 방법은 무엇인지, 학교 수학을 보완할 수 있는 홈스쿨 방법은 무엇인지, 아이들이 어려워하는 수학을 가정에서 지도하는 방법은 무엇인지를 안내합니다. 우리는 이 책을 통해 아이들이 스스로 수학을 잘할 수 있는 힘을 길러 주는 홈스쿨 방법을 제시하려고 노력했습니다.

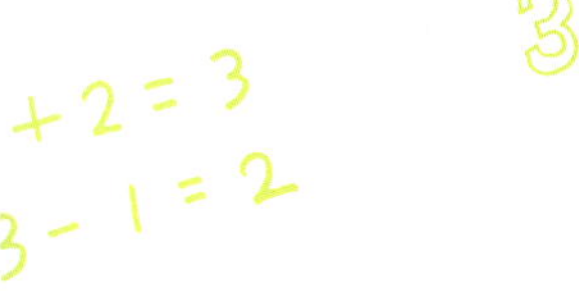

'과연 학교에서는 수학을 어떻게 가르치는 것일까?', '집에서 수학 공부를 어떻게 봐줘야 할까?', '내가 아이에게 제대로 가르치고 있는 것일까?', '수학 공부에서 중요한 것은 무엇일까?'라는 궁금증이 들었던 부모님이라면, 이 책이 그 궁금증에 시원한 답이 되어 줄 것이라고 생각합니다.

다만 부모님들이 이 책을 읽고 나서 '아, 그렇구나.'라고 깨닫는 데서 그치지 않고, 아이의 수학 공부를 위해 직접 '실천'할 것을 당부하고 싶습니다. 아이의 수학 성적을 올리기 위해서는 학교 수업을 열심히 듣는 것도 중요하지만 더불어 가정에서 홈스쿨을 제대로 하는 것도 중요합니다. 아이들 30명을 가르치는 학교 선생님과 아이 1명을 가르치는 부모님 중 누가 더 효율적으로 가르칠 수 있을까요? 바로 부모님입니다. 게다가 부모님이 아이의 수학 교육에 관심을 두고 직접 홈스쿨을 한다면 그야말로 아이에게 최고의 수학 선생님이 될 것입니다.

아이가 학교에서 수학을 잘 배우겠거니 하고 학교만 믿는 부모님이 될 것인지, 스스로 최고의 수학 선생님이 될 것인지는 바로 이 책을 읽는 부모님의 손에 달려 있습니다. 부모님들이 최고의 수학 선생님이 될 수 있다는 믿음을 바탕으로 이 책을 적극적으로 활용한다면 아이의 수학 성적이 쑥쑥 올라가는 것을 직접 눈으로 확인하게 될 것입니다.

어린이를 위한 수학교육연구회

차 례

이 책을 100% 활용하려면

1부 자신감 up! 사고력 up! 우리 아이 맞춤 공부에서는 학부모님들이 가장 궁금해하는 질문에 저자인 현직 초등학교 선생님들이 직접 답합니다.

자녀의 초등학교 입학 전후, 수학의 기초를 어떻게 잡아 주어야 할지 난감해하는 부모님들이라면 본격적인 수학 홈스쿨에 들어가기 전에 이 부분을 정독하세요!

2부 실전 수학 홈스쿨에서는 초등학교 1~2학년 교과과정에 맞춰 각 단원을 어떻게 가르쳐야 할지 알려 줍니다.

엄마의 목표, 우리 아이 교과 단원에서는 아이의 교과 단원 중 부모님들이 살펴볼 내용이 어디에 속하는지(예: 1학년 1학기 1. 5까지의 수……) 알려 주고, 학부모님이 꼭 이해하고 아이에게 가르쳐 줘야 할 요점을 설명해 놓았습니다.

우리 아이 오답 이유, 여기 있었네!는 선생님들이 학교 현장에서 볼 때 아이들이 가장 많이 틀리는 부분을 점검합니다. 학부모님들이 참고하여 아이들이 실수할 수 있는 부분을 숙지하고 한 번 더 짚어 주세요.

엄마, 우리 수학 놀이 해요!는 학부모님과 아이들이 재미있게 할 수 있는 놀이를 소개했습니다. 일상생활에서 쉽게 접할 수 있는 교구와 물건을 이용해 수학 개념도 잡아 주고, 정서적으로 아이와 더 가까워질 수 있습니다.

이야기가 있는 수학은 아이들이 잘 헷갈리는 수학 개념을 이야기를 통해 알려 주는 수학 동화책을 소개했습니다. 선생님들이 수업 교재로도 자주 사용하는 엄선된 동화책을 모아 놓았으니, 학부모님들도 활용해 보세요. 수학을 싫어하는 아이들도 이야기에 빠져 수학을 즐길 수 있게 됩니다.

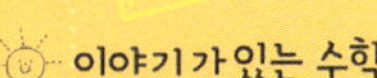
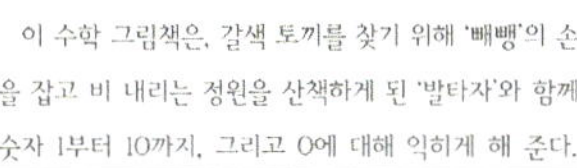

사고력 up! 자신감 up!
우리 아이 맞춤 공부법

01

알면 쉽고, 모르면 답답한
수학 교육

1. 우리 아이 수학 교육, 이런 게 어려워요!

Q 아이가 올해 초등학교에 들어갑니다. 수학 공부를 어느 범위까지 시켜서 학교에 보내야 할까요?

A 입학 전에는 '수 개념'을 갖추도록 도와주세요.

입학 전 학부모님이 아이에게 꼭 준비시켜야 할 것은 '수 개념'입니다. 수 개념이란 수의 크기, 순서, 10의 보수, 자릿값을 이해하는 것을 뜻하지요. 수 개념을 갖추게 하려면, 학습지를 풀게 하는 것보다는 엄마와 함께 주변에 있는 사물을 세고 분류하고 순서를 매겨 보는 것이 훨씬 도움이 됩니다. 아이들은 구체적인 사물을 이용해 이해하는 것이 훨씬 빠르기 때문이지요.

수 개념을 잘 갖춘 아이들은 연산 능력도 자연스럽게 발달하지만 연산 공부를 따로 시키고 싶다면 예습보다는 복습을 시키는 것이 좋습니다. 예습을 통해 연산을 기술적으로만 연습하면 '원리'는 모르고 '계산'만 잘해서, 어려운 문제에는 원리를 적용하지 못합니다.

아이가 초등학교 입학을 앞두고 있다면 아이와 숫자 게임을 해 보세요. 예를 들어 '우리 집에 세 개 있는 것 말하기', '나이 차이 비교하기', '더해서 10이 되는 수 말하기' 등으로 수 개념을 명확히 해 주면, 아이가 탄탄한 수 개념을 갖추어 연산을 잘하게 되고, 학교 성적을 올리는 데도 도움이 됩니다.

Q 우리 아이는 국어는 잘하는데 이상하게 수학은 잘 못해요. 수학을 잘하게
할 방법이 없을까요?

A 잘하는 과목을 통해 공부에 자신감을 얻으면 수학도 잘할 수 있어요!

아이들의 두뇌는 어느 한 분야가 발달하면 다른 분야는 덜 발달하곤 해서, 국어를
잘하는 아이들이 수학은 국어만큼 잘하지 못하는 경우도 많습니다. 이런 경우 수학
을 억지로 공부시키기보다는 아이가 잘할 수 있는 분야를 계발해 주는 방법을 추천
하고 싶습니다.

많은 학부모님들이 "그래도 수학은 어느 정도 해야 하지 않나요?"라고 묻는 경우가
많습니다만, 일단은 아이가 잘하는 분야를 더 잘하게 돌봐 주면 아이에겐 자신감이 생
기고 다른 과목도 공부해 보고 싶은 동기가 생깁니다. 아이에게는 '못한다'라는 생각보
다는 '할 수 있다'라는 생각이 중요합니다. 아이에게 다른 과목을 잘하니까 수학도 잘
할 수 있다고 격려해 주세요.

그 다음에는 아이에게 수학을 '이야기'로 지도해 보세요. 수학 동화를 읽게 하고, 수
학 일기를 쓰게 하고, 수학에 대한 질문을 편지로 쓰게 하는 겁니다. 언어적으로 발달
한 아이들은 수나 기호보다는 글을 더 편하게 느끼기 때문에 이런 활동으로 수학을 좀
더 쉽게 이해할 수 있을 겁니다.

 올해 1학년인 우리 아이는 놀이 상황 속에서는 잘 따라오곤 했는데, 교과서로 공부하면서 더 어려워하는 것 같습니다. 어떻게 하면 좋을까요?

A 교과서를 덮고 교과서에 나오는 내용을 놀이처럼 해 보세요.

아이가 교과서를 싫어한다면 과감하게 벗어나 보세요. 교과서는 학습에 필요한 보조 교재 정도로 생각하시면 됩니다. 교과서 말고도 학습하기 위한 자료는 많습니다. 하지만 교과서보다 더 좋은 자료를 찾기 힘들다면 교과서를 덮고 교과서에 있는 활동을 아이와 함께 해 보세요. 아이들은 교과서를 덮었다는 사실만으로도 눈빛이 반짝거릴 겁니다.

교과서에 있는 다양한 놀이, 탐구 활동을 하고, 알게 된 내용을 교과서에 적거나 간단한 문제를 풀어서 학습을 정리하는 것이 도움이 됩니다. 그렇게 접근하면 아이들이 훨씬 쉽게 받아들이기 때문에 점점 교과서에 익숙해질 거예요.

A　우선 아이의 수학적 특성부터 파악하고 문제집을 골라야 해요!

　수학 문제집은 아이의 수학적 특성에 맞는 문제집이 좋습니다. 아이들의 수학적 특성은 크게 '기본 개념이 부족한 경우', '기본 연산이 부족한 경우', '응용력이 부족한 경우', '문제 해결력이 부족한 경우'로 나눌 수 있습니다.

　우선 '기본 개념이 부족한 경우'는 교과서에 나온 개념을 이해하고 나서 '개념'을 다루는 문제집을 선택하는 것이 좋습니다.

　'기본 연산이 부족한 경우'는 원리를 다루는 문제집과 기초 연산을 단계별로 연습하는 문제집을 선택하는 것이 좋습니다.

　'응용력이 부족한 경우'는 개념이나 원리에 대한 문제집보다는 일반적으로 '실력', '실전'이라는 이름이 붙은 문제집이 적절합니다. 그런데 실전 문제만 풀다 보면 기본 개념이나 원리를 놓치는 경우가 있기 때문에 기본 개념과 원리를 찾아볼 수 있는 정리 노트를 병행하는 것이 도움이 됩니다.

　'문제 해결력이 부족한 경우'는 문장제 문제를 유형별로 제시한 문제집이 적합합니다. 유형이 같은 문제를 여러 개 풀다 보면 문장제 문제의 해결 방법을 파악하게 되고, 유형이 비슷한 문제가 나왔을 때 당황하지 않습니다.

Q 아이가 암산을 좀 더 빠르게 할 수 없을까요?

A 길을 걸으며 암산 훈련을 해 보세요.

암산을 잘하는 아이는 빠르고 정확하게 계산할 수 있기 때문에 문제를 푸는 속도가 빠르고, 속도가 빠르면 같은 시간에 학습할 수 있는 양이 많아지기 때문에 자연스럽게 수학 성적이 오릅니다.

암산을 빠르게 하려면 일상생활에서 암산 훈련을 하는 것이 가장 좋습니다.

예를 들어, 지나가는 자동차의 번호판 숫자가 1234라고 하면 숫자의 합, 즉 1+2+3+4의 값을 구하는 훈련을 합니다. 빠르게 지나가는 자동차 번호판의 숫자를 더하기 위해서 아이들은 자연스럽게 (1+4)+(2+3)=5+5=10과 같은 방식을 생각해 냅니다. 이와 같은 암산 훈련은 덧셈, 뺄셈, 곱셈 순서로 확장하면서 해 나갈 수도 있습니다. 처음에는 암산하는 데 시간이 좀 걸리더라도 아이가 스스로 할 수 있도록 도와주세요. 아이가 암산에 흥미를 느끼면 자연스럽게 실력도 늘 겁니다.

Q 수학 공부를 봐주다 보면 답답한 마음에 화를 내 버릴 때가 많아요. 이럴 때는 어떻게 해야 할까요?

A 아이가 스스로 할 수 있을 거라고 믿으세요. 아이가 도움을 요청할 때만 도와주고 스스로 하도록 맡겨 두세요.

부모가 자기 아이를 가르치는 일은 참 어렵습니다. 내 아이가 더 잘했으면 좋겠다는 욕심 때문이겠지요. 그러나 왜 제대로 못하느냐고 화를 내면 아이는 주눅이 들어, 잘하기가 더 어렵습니다. 수학에 두려움을 느끼게 되고 나아가서는 혼자서는 수학을 공부하지 않으려고 할 수도 있습니다. 따라서 아이가 스스로 할 수 있을 거라고 믿고 기다려 주는 것이 중요합니다.

아이의 수학 공부를 봐줄 때는 도움이 필요할 때만 도와주기로 약속을 하고 지도하는 것이 좋습니다. 그러면 아이는 스스로 해결하려고 애를 쓰고, 그래도 안 되는 경우에만 도움을 요청하게 됩니다.

이때 아이가 스스로 해 보려는 노력에 아낌없이 칭찬해 주는 것도 잊지 말아야 합니다. 아이는 "잘했구나."라는 칭찬보다는 "스스로 하려고 노력했구나."라는 칭찬에 더 많은 발전을 보입니다. 아이가 요구할 때만 도와주고 스스로 하게 하면 도움을 요청하는 횟수도 점점 줄어들 거예요.

 수학을 참 잘하는 우리 아이, 경시대회에는 어떻게 참가해야 할까요?

 수학 경시대회 종류를 파악하고 해당 인터넷 사이트에서 미리 일정을 확인하세요.

수학 경시대회는 크게 수학 교육 단체에서 주최하는 대회와 대학에서 주최하는 대회, 출판사에서 주최하는 대회가 있습니다.

처음 경시대회에 도전하려면 출판사에서 주최하는 대회부터 참가하는 것이 좋습니다. 그 결과가 좋다면 수학 교육 단체에서 주최하는 대회, 대학교 주최 대회에 도전해 보십시오. 1년에 1~2회밖에 없기 때문에 해당 인터넷 사이트에서 시험 날짜를 미리 확인하고 대비하는 것이 좋습니다.

주의할 점은, 경시대회를 통해 아이가 높은 수준의 수학 문제를 경험해 볼 수 있다는 장점이 있지만, 어려운 문제를 맞닥뜨려서 수학에 대한 좌절감을 맛볼 수도 있습니다. 따라서 아이가 수상할 수 있을 만한 난이도의 경시대회에 여러 번 도전한 다음, 더 어려운 경시대회에 참가하는 것이 좋습니다.

출판사 주최	수학 교육 단체 주최	대학 주최

한국수학학력평가(KME)
· 에듀왕 왕수학연구소
· 초1~중3
· www.kerei.net
	한국수학인증시험(KMC)
	· 한국수학교육학회, 디지털
	  조선일보
	· 초3~고3
	· www.kmath.co.kr
		성균관대학교경시대회
		· 성균관대학교, 동아일보,
		  하늘교육
		· 초1~고2
		· skku.edusky.co.kr/

해법수학학력평가(HME)
· 천재교육
· 초3~중1
· www.chunjae.co.kr/
  HME
	한국수학올림피아(KMO)
	· 대한수학회
	· 초1~고3
	· www.kms.or.kr/home/
	  kmo/
		**전국초등학생수학학력
		경시대회**
		· 서울교육대학교
		· 초1~초6
		· www.snue.ac.kr

**전국수학학력평가대회
(NMC)**
· 디딤돌, 경향신문사, 수학
  영재교육연구소
· 초2~중3
· www.nmc21.co.kr
	국제수학자격검정(IMC)
	· 국제수학어문평가원, 국제
	  수학검정협회
	· 유아~일반인
	· www.imce.kr	

전국초등수학경시대회 (DME) · 두산동아, 동아일보 · 초1~초6 · www.dongaschool.com		

아이가 학교 시험을 잘 보려면 먼저 학부모님이 시험지의 문항을 분석할 수 있어야 합니다. 아이가 학교에서 시험지를 받아 오면 취약 영역과 취약 기능을 분석해 주세요.

초등학교 수학은 수와 연산, 도형, 측정, 확률과 통계, 규칙성과 함수 영역으로 구분되는데, 1~2학년 수학은 수와 연산, 도형 영역이 주를 이룹니다. 영역별로 문항 수를 센 다음 영역별 문제 수를 틀린 문제 수로 나누어 보면 영역별 성취도를 알 수 있습니다. 수학을 잘하는 아이들도 특히 취약한 영역이 있게 마련이라 그 영역을 집중적으로 공부하는 것이 좋습니다.

수학적 기능은 개념과 원리 이해, 계산, 추론, 문제 해결로 나누어 볼 수 있습니다. 이 또한 기능에 따라 문항 수를 센 다음 기능별 문제 수를 틀린 문제 수로 나누어 보고 부족한 수학적 기능을 파악해야 합니다. 학부모님이 아이의 취약한 영역과 기능을 분석하여 그 부분을 충분히 공부하도록 하는 것이 문제집을 처음부터 끝까지 다 풀게 하는 것보다 훨씬 효과적입니다.

 우리 아이는 학교에서 배우는 내용이 너무 쉬워서 학교 공부가 재미없다고 하는데 어떻게 해야 할까요?

A 수학 일기장, 수학 교구, 수학 도서를 이용해서 다양한 방법으로 수학을 경험하게 해 주세요.

학습 능력 수준이 높아서 학교 공부를 지루해하는 아이에게는 학교에서 충분히 경험할 수 없는 부분을 가정에서 경험할 수 있게 해 주는 것이 중요합니다.

학교 공부를 쉽게 생각하는 아이들에게는 수업 시간 동안 질문거리를 생각해 내게 하는 것도 좋습니다. 선생님의 설명을 듣고 '왜 그렇게 되나?', '다른 방법은 없나?', '비슷한 상황에 적용할 수 있나?' 등의 질문을 수학 공책에 적게 하고, 그것을 선생님이나 친구들, 부모와 이야기해 보는 방법입니다. 이 활동을 지속적으로 하기 위해서는 수학 일기장을 만드는 것도 좋습니다.

또한 가정에서 수학 교구를 이용한 탐구 활동을 시키는 것이 좋습니다. 실생활 속의 물건을 교구로 활용할 수도 있습니다. 예를 들어, 신발장의 신발, 모양이 같은 그릇, 자전거나 자동차의 바퀴 등을 세어 보면 아이들은 수학을 친근하고 재미있는 것으로 생각하게 되고, 주변에서 배수가 되는 것을 더 찾아보려고 할 것입니다. 이런 활동은 수학 실력이 높은 아이들의 사고력을 확장해 줄 수 있습니다.

그 밖에 수학을 더욱 깊이 이해할 수 있도록 관련된 책을 읽는 방법도 좋습니다. 특히 수학을 음악, 미술, 과학 등 다른 과목과 접목하여 설명한 책이나, 수학의 역사적 발견에 대해 설명하는 수학사, 수학을 이야기로 풀어 가는 수학 동화 등을 통해 학교 수업만으로는 충분하지 못한 부분을 다양하게 경험하게 해 주세요.

Q 우리 아이는 학교에서 배우는 내용이 어려워서 따라가지 못하는데 어떻게 해야 할까요?

A 수학을 '식'이나 '기호'로 나타내는 연습을 해 주세요. 기초 연산 공부를 차근 차근 해 나가야 학교 수업을 잘 따라갈 수 있답니다.

아이들이 학교에서 배우는 내용을 잘 이해하지 못하는 경우가 있습니다. 또한 수업 내용을 다 알아듣는 듯하지만 막상 문제를 주면 풀지 못하는 경우도 있습니다. 그 이유는 아이들이 '식', '기호'와 같이 형식화된 수학에 익숙하지 않기 때문입니다. 이런 경우에는 '비둘기 2마리와 참새 1마리는 모두 몇 마리일까?'와 같은 문제를 '2+1=3'이라는 식이나 기호로 표현하는 연습을 충분히 해야 합니다. 아이들은 2+1=3을 계산하지 못해서 틀리기보다는 문제 상황을 2+1이라는 식으로 연결 짓지 못해서 틀리는 경우가 더 많기 때문입니다.

아이들이 학교 수업을 따라가지 못하는 또 다른 이유는 기초 연산 능력이 충분히 발달하지 않았기 때문입니다. 학교에서는 짧은 시간 안에 많은 내용을 배우기 때문에 각 단계별 학습량이 충분하지 않은 아이들은 학습 결손이 누적되게 마련입니다. 저학년의 학습 결손은 중학년의 학습 부진으로 이어지고, 고학년이 되면 수학을 아예 포기하는 상황을 낳기도 합니다. 따라서 수학은 초등학교 1~2학년 때 기초를 잘 다져 놓아야 합니다. 이 시기에 제대로 하지 못한다면 기초 연산 문제를 반복적으로 풀어서 연산 능력을 먼저 갖추게 해야 합니다. 덧셈, 뺄셈을 제대로 못하는 아이한테 학교 진도에 맞춘 문제집을 풀게 한다면 학습 효과가 떨어질 뿐만 아니라 계속 답이 틀리는 경험 때문에 수학에 대한 부정적인 인식만 커질 수 있습니다.

Q 초등학교 1~2학년 아이들은 아직 국어도 잘 못하는데 수학 서술형 평가
는 어떻게 대비해야 할까요?

A 서술형 평가에 대비하기 위해 수학 일기를 쓰고, 서술형 평가의 답안을 예시
문장으로 제시해 주세요.

우선 아이가 서술형 평가가 어렵다는 생각을 버리는 것이 중요합니다. 서술형 평
가에서 요구하는 것은 논술식 설명이 아니라 아이가 알고 있는 것을 말로 설명해 보
라는 것입니다. 아이들이 우연히 답을 맞힌 것은 아닌지, 어떤 부분을 잘못 생각하고
있는 것은 아닌지를 파악하기 위한 시험입니다.

그러나 많은 아이들이 내용은 알고 있으면서도 서술형 평가에 대한 두려움 때문에
평가지에 한 글자도 적지 못하는 경우가 있습니다. 이럴 때는 3학년부터 서술형 평
가를 하기 때문에 1~2학년부터 사고를 '서술'하는 것에 익숙해지도록 수학 일기를
쓰는 것이 좋습니다.

아무리 쓰기를 잘하는 아이들도 서술형 평가에는 두려움을 느낄 수 있습니다. 이
런 경우에는 예시 문장을 주고 변형해서 쓰게 하거나, 빈칸 채우기 답안을 주어서 빈
칸의 개수를 서서히 늘리면 아이는 두려움이 없어지고 실력도 늘어납니다.

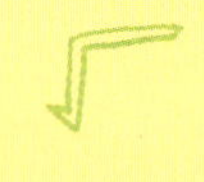

2. 개정된 수학 교육과정, 어떤 방향인가요?

10년 주기로 전면 개정을 하던 우리나라의 교육과정이 수시, 부분 개정으로 바뀌면서 2007년 개정 교육과정에 이어, 2009년 개정 교육과정이 발표되었습니다. 교육과정이 수시로 개정되기 때문에 학교도 학부모님도 아이들도 모두 혼란스러워하는 것이 현실이지요.

하지만 1997년 제7차 교육과정 이후로 교육과정이 지향하는 방향에는 큰 변화가 없어서 너무 걱정하지 않아도 됩니다. 아래에서 설명할 내용은 앞으로도 지속적으로 학교 수학 교육이 추구하는 방향이므로 학부모님들이 눈여겨 봐두어야 합니다.

Q 개정된 교육과정에서는 무엇이 중요한가요?

A 수학적 의사소통 능력, 문제 해결 능력, 추론 능력, 정의(情意)적 능력이 중요합니다.

의사소통 능력

2007년 개정 교과서에서는 수학적 의사소통 능력을 기르는 활동이 '문제 만들기', '짝과 이야기해 보기', '설명해 주기' 및 '이야기를 듣고 문제 해결하기' 등의 구체적인 활동으로 나와 있어, 아이들이 알고 있는 수학적 내용을 말이나 글로 표현하도록 합니다.

'수학적 의사소통'은 수학적 사고를 표현하고, 다른 사람들에게 설명하고 설득하며, 토론하는 과정에서 아이디어를 공유하고 명확하게 이해하는 방법입니다. 앞으로

수학에서는 문제만 잘 푸는 사람보다는 자신의 문제 해결 과정을 잘 표현하고 서로 공유하게 할 수 있는 사람이 수학을 더 잘하는 사람으로 인정받게 될 것입니다. 아이의 수학적 의사소통 능력을 길러 주기 위한 교사용 안내서로『수학교실에서 말하기』(경문사, 2009)가 있습니다.

문제 해결 능력

2007년 개정 교육과정에서는 문제 해결 영역이 '규칙성과 문제 해결'로 통합되었습니다.

문제 해결 영역에서는 '좋은 문제'를 해결하는 능력, 문제 해결 방법을 스스로 선택하는 능력, 문제 해결 과정을 반성하는 능력을 강조하고 있습니다. '좋은 문제'란 알고 있는 것을 활용해서 문제를 해결하는 것뿐만 아니라 문제를 해결하면서 자신이 알고 있는 것을 확장시킬 수 있는 문제입니다.

문제 해결 능력을 기르기 위해서는 여러 가지 방법을 비교하여 적절한 방법을 선택하는 것이 효과적입니다. 교과서에서는 '그림 그리기', '식 세우기', '표 만들기', '규칙 찾기' 등 문제 해결 상황에 가장 적절한 해결 방법을 소개합니다. 여기서 중요한 것은 주어진 문제 상황에 적절한 해결 방법을 선택하는 능력입니다.

문제 해결 능력에서 또 한 가지 중요한 능력은 '반성'하는 습관입니다. '내가 문제를 정확히 이해했나?', '알 수 있는 사실은 무엇이지?', '이 해결 방법이 맞을까?', '계산은 정확히 하나?', '더 쉽게 해결할 수 있는 방법은 없을까?'와 같이 스스로 질문하고 점검하는 습관을 뜻하지요.

아이가 처음에는 스스로 할 수 없기 때문에 학부모님이 옆에서 물어보고 점검해 주면서 아이를 도와주세요.

추론 능력

2007년 개정 교육과정에서는 여러 가지 현상에서 규칙성이나 공통점을 발견하는 '귀납적 추론'과 여러 가지 현상에서 규칙성이나 공통점을 발견하는 '유추적 사고' 활동을 강조하고 있습니다.

이 능력은 중·고등학교 학습에서 필요한 '연역적 증명'과 '논리적 추론 능력'으로 연결되기 때문에 매우 중요합니다. 그러나 아직까지 수학적 추론 능력을 기르는 방법에 대한 안내는 부족한 편입니다.

수학적 추론 능력을 기르기 위해서는 '이렇게 하면 어떻게 될까?' 하고 추측하고 확인하는 습관, 그리고 '왜 그럴까?' 하는 의문을 품고 대답하는 습관을 들이는 것이 도움이 됩니다.

자꾸 "왜?"라는 질문을 하는 아이에게 대답을 해 주는 것이 번거로울 수는 있지만, 그런 아이는 자신이 수학적 추론 능력이 뛰어나다는 것을 보여 주고 있는 것이지요.

정의적 능력

근래 들어 수학의 인지적 능력뿐만 아니라 수학적 성향, 수학적 태도와 같은 정의적 요소를 갖춘 학생이 수학을 더 잘할 수 있다는 것이 밝혀지면서 관심이 집중되고 있습니다. 2007년 개정 교과서에서도 수학이 활용되는 다양한 사례를 경험하게 할 뿐만 아니라 다른 교과 실생활과의 연계성을 강조함으로써 수학이 실생활에서 쉽게 활용되며 흥미 있는 과목이라는 것을 강조하고 있습니다.

　　그러나 우리나라의 많은 아이들은 수학에 대한 흥미가 부족한 편입니다. 수학을 잘하더라도 수학에 대한 부정적인 정서가 있는 아이들은 고학년에 올라가면서 성적이 급격히 떨어질 수 있습니다. 따라서 학부모님들은 아이가 수학에 대해 부정적인 생각을 하고 있지는 않는지를 살피면서, 아이들이 수학의 인지적 능력과 정의적 능력을 고루 키워 나가도록 도와주어야 합니다.

3. 수학 교과서 vs. 수학 문제집

Q 수학 교과서와 수학 문제집, 어느 것을 중심으로 공부해야 하나요?

A 교과서와 문제집을 상호보완적입니다.

수학 교과서로 개념과 원리를 터득하고 그 내용을 수학 문제집으로 충분히 익힐 때 아이의 성적이 올라갑니다.

수학 교과서는 지면의 한계가 있어서 기본적인 개념과 원리를 핵심적인 내용만 간단하게 수록하고, 학습한 내용을 수학 익힘책을 통하여 복습하도록 하고 있습니다. 그러나 수학 교과서는 활동 중심으로 이루어져 있고, 수학 익힘책은 아주 쉬운 수준의 문제만 다루기 때문에 한계가 있습니다.

개념에 대한 이해가 부족한 아이는 개념을 자세히 설명하는 문제집을, 수학 익힘책의 문제를 자꾸 틀리는 아이들은 연산 중심의 문제집을 풀어서 실력을 보완해야 합니다.

4. 학교 수학 vs. 학원 수학

Q 수학 학원을 보내려고 하는데 어떤 학원을 골라야 할까요?

A 아이의 특성을 먼저 파악하세요.

"학원에서 다 배웠어요."라며 학교 수업에 잘 집중하지 않는 아이들이 있습니다. 이런 아이들의 성적은 보통 중위권이나 중상위권에 머뭅니다. 정확한 개념이나 원리를 이해하지 않은 채 학원에서 배운 풀이 방법을 외워서 그대로 적용을 하니 풀 수 없는 문제가 많기 때문입니다. 이처럼 수학 학원을 다니는 것이 도움이 되면서도 해가 되는 경우가 있습니다.

수학 문제집을 고를 때처럼 수학 학원도 아이에게 맞는 곳을 골라야 합니다. 어떤 아이는 학원에 가는 것보다 학교 공부에 충실하고 집에서 혼자 공부하는 것이 맞는 반면, 어떤 아이는 학원을 그만두면 성적이 떨어지는 경우가 있습니다. 또한 일부는 수학적으로 더 깊이 있는 공부를 하고 싶어서 학원에 가는 경우도 있습니다. 이런 아이들은 일반 학원보다는 수학 영재 학원이나, 수학 사고력 학원, 창의력 수학 학원 등에 보내야겠지요.

아이를 학원에 보내기로 했다면 학원 선생님과 자주 연락해서 아이의 학원 생활을 잘 파악해야 합니다. 학원 수업이 어려워서 주눅 들어 있지는 않은지, 너무 쉬워서 지루해하지는 않는지를 살펴야 합니다.

학원 교육은 아이의 단점을 보완하는 개별화 교육을 하기 위한 것이라는 점을 명심하세요.

뚜렷한 목표와 습관으로 만드는

백점 만점 수학

1. 공부 습관, 어떻게 길러 주면 좋을까?
2. 선생님이 제안하는 수학 공부 습관 7가지

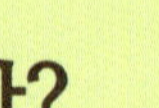

1. 공부 습관, 어떻게 길러 주면 좋을까?

1. 수학 공부 계획

아이를 먼저 키운 선배 학부모들은 아이들이 초등학교에서 배우는 과목 중 가장 중점적으로 신경 써야 할 과목이 수학, 독서, 영어라고 하곤 합니다.

그중에서 아이들의 수능 점수를 결정짓는 것은 바로 수학이라고 하죠. 독서와 영어는 대부분의 아이들이 열심히 하고 반복하면 대체로 성적이 잘 나오지만, 수학은 한번 성적이 떨어지면 따라잡기 어려운 과목이기 때문이겠지요. 따라서 수학 공부는 습관이 중요하다고 할 수 있습니다.

그렇다면 아이의 수학 공부 습관, 어떻게 길러 주는 것이 좋을까요?

(1) 평소 공부와 시험공부

수학 공부를 위한 계획은 평소에 하는 공부와 시험공부를 구분하여 세우는 것이 좋습니다. 평소 공부의 목표가 기본 실력을 쌓는 것이라면 시험공부의 목표는 철저하게 높은 성적을 받는 것이기 때문에 공부 방법을 달리해야 합니다.

평소 공부는 '예습 – 수업 – 복습'의 순서로 하는 것이 제일 중요하고, 선행 학습을 하여 현재 학년의 수업 내용을 미리 알더라도 학교에서 배우는 내용을 좀 더 정확하게 아는 것이 중요하기 때문에 다음의 계획표를 참고하여 저학년 때부터 공부 습관을 길러 주어야 합니다.

평소 공부 계획표

평소 공부		예습	수업	복습
	무엇을?	다음 날 시간표 보고 교과서 공부하기	선생님 설명을 집중하여 듣고, 의문 나는 점을 별(★)표로 표시하기	교과서 복습, 문제집 풀어 '내 것으로 만들기'
	어떻게?	① 차례 보기 ② 단원 목표 보기 ③ 훑어보고 의문 만들기		① (교과서) 이해 안 된 부분 해결 ② (문제집) 풀어서 확인 ③ 선생님처럼 설명하기

시험공부는 시험 기간 2주 전부터 다음 쪽에서와 같이 계획을 세워 공부하는 것이 필요합니다. 평소에 교과서와 문제집을 풀어서 이해하고 분석했던 것을 바탕으로 암기와 연습을 합니다. 이것은 하나의 예시일 뿐이며, 학교에서 강조하는 부분대로 공부 계획을 세워서 하는 것이 좋습니다. 선생님이 수업 시간에 중요하다고 하는 부분이나 시험 기간 즈음에 강조하는 부분을 따로 표시하는 습관을 길러 주면 좋겠지요?

저학년 시기에는 아이와 함께 계획을 세우지만 학년이 올라가면 아이 스스로 계획을 세우고 실천하는 것이 중요합니다. 계획 내용에 □를 만들어 넣고 계획대로 시험공부를 했는지 스스로 체크(✓)하는 것도 좋습니다.

D-13	D-12	D-11	D-10	D-9	D-8	D-7
수학 4단원 문제집 ☐	수학 4단원 문제집 ☐	수학 5단원 문제집 ☐	수학 5단원 문제집 ☐	수학 6단원 문제집 ☐	수학 6단원 문제집 ☐	수학 교과서 풀어보기 ☐

D-6	D-5	D-4	D-3	D-2	D-1	시험
수학 교과서 풀어보기 ☐	교과서 속 응용 문제 (탐구 활동, 문제 해결) 풀기 ☐	수학 문제집 단원 평가 ☐	수학 작은 문제집 (부록) 풀기 ☐	수학 오답 노트 살펴보기	수학 오답 노트 살펴보기	

(2) 선행 학습형 공부

대부분의 학부모님들이 가장 고민하는 부분은 선행 학습을 시킬 것인지 여부일 것입니다. 현장에서 아이를 가르치는 입장에서 선행 학습을 무조건 반대하지는 않습니다. 하지만 선행 학습의 방법 면에서는 꼭 짚고 넘어갈 것이 있습니다.

안타깝게도 아이들은 일단 한번 들은 것은 두 번 다시 귀 기울여 듣지 않는다고 합니다. 학원에서 선행 학습을 진행할 때는 대개 문제집을 선택하여 수업을 하지요. 교과서에서 개념을 형성하기 위해서 하는 다양한 활동은 다루지 않습니다. 그 결과만을 반복 암기해 문제를 많이 풀게 하고, 문제에 익숙하게 하려는 의도지요. 문제에 익숙하게 만드는 것이 학원의 목표입니다.

따라서 학원에서 미리 선행 학습을 한 아이들은 학교 수업을 제대로 듣지 않습니다. 이미 내용을 알고 있다고 생각하기 때문에 건성으로 듣는 것이지요.

그러나 아이들이 알아야 할 수학이 단순히 문제를 잘 푸는 것이 아니기 때문에 그 폐해는 심각합니다.

선행 학습을 안 시키면 왠지 불안하기 때문에 하는 것이라면 아이의 수준에 따라 결정하는 것이 좋습니다. 자기 주도적 선행 학습을 권합니다. 저학년에서부터 자기 주도적으로 공부하는 습관을 길러 준다면 효과적이겠지요. 게다가 수학을 자기 주도적으로 공부하는 습관을 들인다는 것은 앞으로의 수학 학습에도 많은 도움이 됩니다. 문제 푸는 능력을 기르는 것에서 벗어나서 다양한 수학적 사고력과 문제 해결력을 기를 수 있기 때문입니다.

저·중·고학년으로 나눠서 2년을 주기로 선행 학습 공부 계획표를 만들어 보면 다음과 같습니다.

선행 학습 계획표

1학년											
1학기						2학기					
3월	4월	5월	6월	7월	8월	9월	10월	11월	12월	1월	2월
1학년 1학기 자기 주도형 문제집 하루에 두 장씩 풀기						1학년 2학기 자기 주도형 문제집 하루에 두 장씩 풀기				2학년 1학기 자기 주도형	
	1학년 1학기 응용 문제집 또는 영재 관련 교재 풀기					1학년 2학기 응용 문제집 또는 영재 관련 교재 풀기					

2학년											
1학기						2학기					
3월	4월	5월	6월	7월	8월	9월	10월	11월	12월	1월	2월
문제집 하루에 두 장씩 풀기		2학년 2학기 자기 주도형 문제집 하루에 두 장씩 풀기				3학년 1학기 자기 주도형 문제집 하루에 두 장씩 풀기					
2학년 1학기 응용 문제집 또는 영재 관련 교재 풀기			2학년 2학기 응용 문제집 또는 영재 관련 교재 풀기								

이 계획표는 하나의 예시일 뿐이지 반드시 이렇게 하라는 건 아닙니다. 아이의 수학에 대한 흥미 여부에 따라서 더 빨라질 수도 있고 더 느리게 진행할 수도 있습니다.

아이가 응용 문제집이나 영재 관련 교재를 많이 어려워한다면 굳이 힘겹게 풀게 해 수학에 대한 거부감이나 스트레스를 줄 필요는 없습니다. 그리고 자기 주도형 문제집을 더 긴 시간 동안 풀어도 괜찮습니다. 몇 달 만에 완성해야 하는 것은 아니니 조급해하지 마십시오.

초등학교 시기는 아이들에게 기초를 다지는 시기임을 잊지 말고 아이에게 시켜 보고 맞지 않으면 과감하게 포기하고 기다릴 줄도 알아야 합니다. 너무 일찍 수학에 흥미를 잃으면 시도를 안 한 것만 못하기 때문에, 자녀를 잘 관찰하여 적절한 수준을 적용하기를 바랍니다.

저학년부터 선행 학습을 시키고 아이를 학원에 맡기기보다는 교과서 내용을 제대로 이해하도록 도와주고, 시중에 나와 있는 수학 교육 관련 책을 참고하여 수학 동화 읽기, 수학 놀이 등을 함께 하면서 아이가 해당 학년에서 공부해야 할 내용을 정확히 이해하도록 하는 것이 더 중요합니다.

2. 선생님이 제안하는 수학 공부 습관 7가지

　수학은 기본부터 착실하게 실력을 쌓아 나가야 하는 과목으로, 노력만으로는 생각만큼 실력 차이가 쉽게 극복되지 않습니다. 아이마다 실력 차도 크게 나는 과목이 수학입니다.

　단순하게 문제를 푸는 수학이 아닌, 수학을 재미있어하고 수학에 대한 자신감을 느낄 수 있도록 저학년 때부터 수학의 기초를 쌓게 하는 전략은 다음과 같습니다.

(1) 구체적인 조작 활동 많이 하기

　아이들은 다양한 활동과 함께 수학 개념을 학습하면 가장 잘 이해합니다.

　교육학자 피아제에 의하면 초등학교 시기는 구체적이고 조작적인 사고기이므로 아이들은 현실에서 직접적으로 관찰하거나 구체물(실생활에서 쓰이는 물건이나 동물 등)이나 반구체물(구체물 대신 개수를 표현하기 위해 사용하는 동그라미(●), 별(★), 쌓기나무(■) 등)을 이용한 구체적 조작 활동을 통해서만 개념을 형성한다고 합니다.

수 '63'의 개념을 실제로 수를 묶어 보면서 익힌다	실로 연결한 빨대로 의자의 높이를 잰다

위의 왼쪽 사진과 같이 수 63을 배울 때 사물을 직접 다루지 않으면서 63을 배우는 것과 직접 빨대, 산가지, 바둑알 등의 다양한 물건을 이용해 열 개 묶음의 수와 낱개의 수로 63을 배울 때, 어느 쪽이 더 개념을 쉽게 이해하는지 굳이 설명하지 않아도 알 수 있습니다.

또한 물건의 길이나 높이를 잴 때 기본 단위가 서로 다른 것들로 잰다면 단위가 달라 그 길이를 서로 비교할 수 없다는 것도 구체적인 활동을 통해 알 수 있습니다. 장소나 자료의 제약으로 학교에서는 할 수 없는 구체적 조작 활동을 가정에서 보충해 지도한다면 아이들의 수학 개념 형성에 많은 도움이 됩니다. 오른쪽의 그림은 빨대를 실로 연결하여 새로운 자를 만든 것입니다. 이렇게 하면 여러 가지 물건의 높이나 길이를 잴 수 있겠죠?

(2) 계산 기능의 중요성

우리나라에서 한때는 '수학'을 '산수'라고 부르며 계산이 마치 수학의 전부인 양 인식했던 적이 있습니다. 지금의 학부모님들이 학교에서 수학을 배울 때 그랬죠? 그래서 학생들 대부분이 주산 학원 등에 다니며 주판을 놓고 암산을 배우고 그랬습니다. 그러나 단순한 계산 기능을 넘어서 수학적으로 생각하고 수학적으로 문제를 해결하는 능력이 중요시되면서 교과의 명칭도 '산수'에서 '수학'으로 바뀌었습니다.

그렇다면 수학에서 계산 기능의 중요성은 작아진 것일까요? 그렇지 않습니다. 수학에서 계산 기능은 기본으로 갖추어야 하는 것입니다. 수학적으로 사고하고 수학적으로 문제를 해결하기 위해 계산 능력 부족이 걸림돌이 되지 않도록 해야 합니다.

아이들의 연산 능력은 연산을 정확히 이해하고 반복적으로 연습하면 자연스럽게 키울 수 있습니다. 아이가 문제를 풀 때 사칙연산(덧셈, 뺄셈, 곱셈, 나눗셈) 계산력이 문제가 된다면 먼저 사칙연산의 개념을 정확히 이해한 후에 문제를 풀게 하면 자연스럽게 연산 능력을 키울 수 있습니다. 아이가 지겨워하지 않는 범위 내에서 계산력 향상을 위한 문제집을 적절하게 활용하는 것도 좋습니다.

(3) 수학은 교과서가 기본

교과서와 문제집 가운데 어느 것에 더 많은 시간과 돈이 투자될까요? 당연히 교과서입니다.

수학 교과서는 수학 교육과정을 제대로 구현할 수 있게 만든 것입니다. 교과서는 각 단원마다 수학 교육 전문가들이 모여 토의를 거쳐 교육 목표에 가장 적절한 활동을 찾은 것입니다. 그리고 그것을 익히기 위한 연습 문제를 제공합니다.

반면에 수학 문제집은 수학 시험에서 점수를 잘 받도록 연습할 수 있게 만든 것입니다. 그러나 수학 시험에서 점수를 잘 받는 데 오로지 연습만 필요할까요? 연습 이전에 더 중요한 것은 구체적인 활동을 통한 개념 형성입니다. 그렇게 형성된 개념을 바탕으로 연습이 이루어지고 다른 활동으로 확장해야 의미가 있습니다.

문제집은 그 자체가 목적이 되기보다는 수단이 되어야 하는데, 요즘에는 교과서를 제쳐 두고 문제집 풀이에만 집중하는 경향이 있습니다.

학교 현장에서 교과서를 철저히 분석해서 출제한 시험 문제에 아이들은 의외로 점수가 높지 않습니다. 그 사실은 무엇을 보여 주는 것일까요? 수학적 기본 개념을 갖추고 문제를 푸는 것이 아니라 오로지 문제 풀이에만 익숙해 있다는 것입니다.

지금부터라도 수학 교과서에 관심을 두고 아이와 함께 한번 훑어보는 건 어떨까요? 수학 교과서에는 손쉽게 따라 할 수 있는 구체적인 활동이 많이 나와 있고, 그 활동을 바탕으로 수학적 개념을 자연스럽게 형성하도록 구성되었습니다.

(4) 수학 일기 쓰기

수학 일기는 수업 시간에 배운 내용과 느낀 점을 수식이 아닌 글이나 그림을 활용해 표현하는 것입니다. 수학 일기를 꾸준히 쓰면 자신의 생각을 수학적으로 정확하게 표현하는 능력을 키울 수 있습니다.

수학 일기를 쓰는 방법은 다음과 같습니다. 먼저 그날 배운 내용을 글이나 그림으로 표현하며 요약해 적습니다. 공식이나 개념에는 자기만의 설명을 덧붙입니다. 배운 내용이 실생활에 적용되는 예를 찾아 적어도 좋습니다.

아이들이 처음에는 글 쓰는 데 서툴고 거부감을 느끼기도 합니다. 글 쓰는 것이 학습에 도움이 된다는 것을 인식하고 글쓰기를 즐길 수 있게 유도해야 합니다.

수학 일기는 따로 공책을 마련해 써도 좋고, 일기장에 한 주 동안 배운 수학 내용 중 꼭 기억해야 할 내용이나 중요한 내용을 골라 쓰는 것이 좋습니다. 동생에게 편지를 쓰면서 쉽게 설명을 하거나 자신이 이해한 것을 그림을 그려서 표현해 보는 것도 좋습니다. 자유롭게 쓰기, 편지 쓰기, 일지 쓰기, 자서전 쓰기 등 다양한 방법이 있습니다. 그 밖에도 학생들에게 즐거움과 창의력을 발휘할 수 있는 쓰기로는 만화 그리기, 삼행시 짓기, 마인드맵 하기(생각 그물로 나타내기) 등이 있습니다.

수학 일기 쓰기의 종류와 특징

자유롭게 쓰기	• 종이에 생각나는 것, 무엇이든 적어 두는 것 • 내용과 아이디어를 문장 형식에 얽매이지 않고 쓰는 것
편지 쓰기	• 수업할 때 이해한 것과 이해하지 못한 것, 특별히 궁금한 문제 등에 대해서 선생님이나 부모님께 편지로 쓰기 • 오늘 배운 것을 동생에게 설명하듯이 편지 쓰기
일지 쓰기	• 오늘 한 활동이 무엇이고, 그 의미는 무엇인지 다양한 방법으로 설명하는 것 (아이들은 일지를 쓰면서 수학적 사고를 명료화하고 개념을 이해하는 데 도움을 얻음) 예) 목표 : 각의 크기를 비교할 수 있다 → 수학 일지의 주제 : 각의 크기를 비교할 수 있는 다양한 방법은 무엇일까?
자서전 쓰기	• 자신의 지난일을 되돌아보고 그것을 바탕으로 더 열심히 하겠다는 각오를 다지는 것 예) 수학은 뭐지? 왜 배우는 거지? 수학이 가장 재미있다고 생각한 적이 있었다! 수학을 언제 제일 하기 싫었지?

문제를 직접 만들거나 문제 조건을 바꿔 풀어 보는 등 다양한 방식으로 접근해 보는 것도 도움이 됩니다. 수업이나 자기 주도 학습 중에 이해가 되지 않았던 부분이나 어려웠던 부분을 다시 살펴보고, 이해하게 된 이유를 쓰거나, 어느 부분이 이해가 되지 않는지 써 봅니다.

수학 일기를 쓰면 수업을 복습할 수 있을 뿐 아니라 수학 개념도 제대로 갖출 수 있고 서술형 시험에도 대비할 수 있습니다.

수학 일기 쓰기의 예

(5) 모르는 문제가 나왔을 때 3일은 고민해 보기

아이가 모르는 문제를 맞닥뜨려 혼란스러워하는 모습을 보면 부모로서 매우 답답할 때가 많습니다. 그럴 때 혹시 성급하게 나서서 화를 내며 "이건 이렇게 풀면 되잖아." 하고 말해 본 적은 없습니까? 만약 있다면, 그것은 문제를 탐구해 보고 새로운 방법을 시도해 볼 수 있는 아이의 기회를 빼앗은 것이라고 봐도 과언이 아닙니다.

아이가 문제를 해결하지 못하고 헤맬 때 부모가 바로 나서서 해결해 주다 보면 아이는 더 이상 고민하려고 하지 않습니다. 그것이 습관이 되면 아예 어려운 문제를 보면 피하려고만 하는 결과를 낳게 됩니다.

모르는 문제가 나왔을 때는 당황하지 말고 3일 동안 하루에 한 번씩 그 문제를 다시 찾아서 풀어 보라고 조언해 주는 것이 좋습니다.

첫날에는 해결하지 못한 문제가 머릿속에 계속 남아서 아이가 해결 방법을 찾으려 할 것이며, 둘째 날에도 그 문제를 다시 한 번 떠올려 보며 해결 방법을 탐구하게 됩니다.

둘째 날에도 잘 모르겠다면 하루 더 고민하게 합니다. 3일이 지나가면서 문제를 반복해서 읽었을 것이고, 그러한 행동은 문제에 대한 이해를 깊게 해 주어 문제에 더욱 다가갈 수 있게 합니다.

그런 노력을 했는데도 모르겠다면 해답지를 이용하거나 선생님이나 부모님에게 도움을 청하게 합니다. 단순해 보이지만 실천하기가 만만치는 않습니다. 그러나 일단 실천해 보면 문제를 깊이 고민해 보고 탐색해 볼 수 있어서 매우 좋습니다.

(6) 수학 오답 노트 활용법

　오답 노트 쓰는 방법을 잘 익혀 두면 아이가 고등학교 때까지도 유용하게 쓸 수 있습니다. 초등학교 1학년 때부터 습관을 들이는 게 좋습니다. 물론 시작할 때는 부모가 먼저 시범을 보여 주세요. 아이가 익숙해지면 혼자 써 보게 합니다. 처음에는 문제만 쓰는 것으로도 충분합니다. 쓰다 보면 오답 노트를 쓰는 기술이 더 정교해지고, 그렇게 고학년으로 갈수록 문제를 해결하는 방법도 능숙해집니다.

　다음의 예시 자료를 참고하여 오답 노트 쓰는 방법을 알아볼까요?

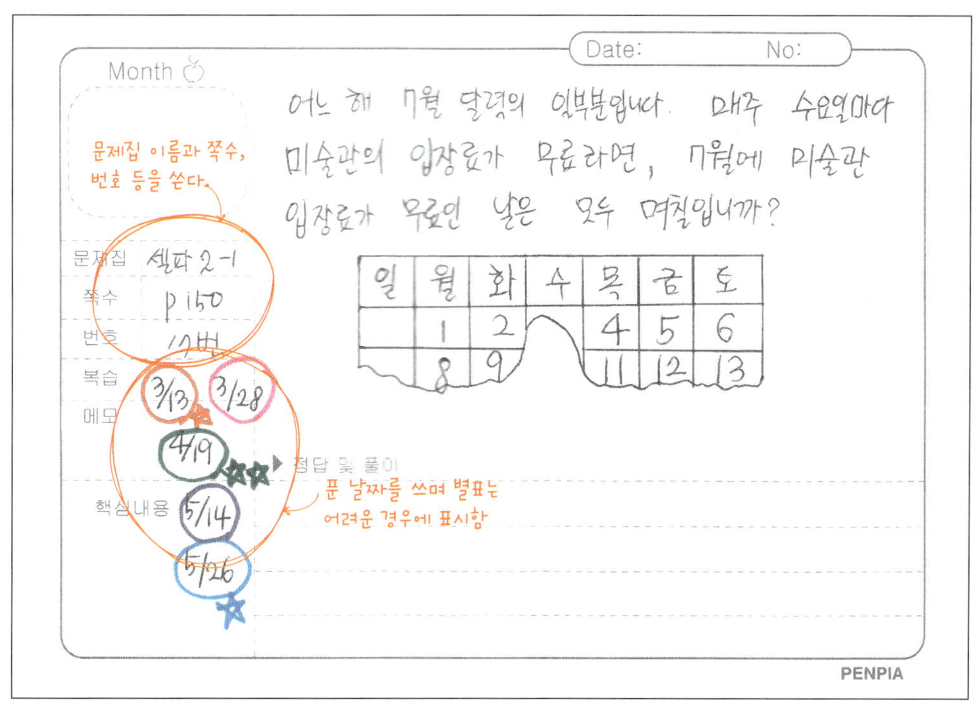

첫째, 아이가 좋아할 만한 예쁜 노트를 준비합니다.

둘째, 아이가 교과서나 문제집을 풀면서 틀렸던 문제를 학부모님이 문제 쓰는 칸에 그대로 베껴 씁니다.

셋째, 문제의 왼쪽에는 그 문제가 어디에서 나왔는지를 분명하게 표시합니다.

넷째, 오답 노트에 쓴 문제는 2~3주에 한 번씩은 다시 한 번 풀어 보게 하고, 세 번 이상은 꼭 풀게 합니다.

다섯째, 채점해 보고 또 틀렸을 경우에는 쓴 날짜에 별표를 표시하고 몇 번 더 풀게 합니다.

여섯째, 푼 다음에는 답을 지우개로 지워서 오답 노트 겸 새로운 문제집이 되게 합니다.

(7) 시험 문제를 정확하게 이해하고 검토하기

아이들이 시험을 보고 나면 공통적으로 말하는 한마디가 있습니다. "실수해서 틀렸다."는 것입니다.

학교 현장에서 아이들을 관찰해 본 결과, 아이들이 시험 중에 실수를 저지르는 경우는 다음의 세 가지로 요약해 볼 수 있습니다.

첫째, 문제 자체를 제대로 읽지 않습니다. 꼼꼼한 아이 몇몇을 제외하고는 아이들 대부분이 문제를 건성으로 읽습니다. 앞부분만 읽고 문제를 해석한 후에 바로 연필을 들고 과감하게 계산을 합니다.

둘째, 문제를 제대로 읽었으나 계산하는 과정에서 숫자를 아예 처음부터 잘못 적는 것입니다. 123+47을 해야 하는 문제에서 아이들은 종종 132+47과 같이 숫자의 순서를 바꾸거나 아예 다른 숫자로 적어서 계산해 버리고 곧바로 답을 적습니다.

셋째, 대부분의 아이들은 일단 문제를 풀고 나면 그 문제를 다시 보지 않습니다. 자기가 쓴 답이 제대로 되었다고 생각하는 것입니다. 검토를 하라고 하면 눈으로 대충 확인하고는 서너 번 이상 검토했다고 생각하는데, 채점을 하면 틀린 경우가 많습니다.

시험을 볼 때뿐만이 아니라 평소에 교과서나 문제집의 문제를 풀 때도 문제를 제대로 읽는 습관을 들여야 합니다. 문제를 읽을 때 한 번만 읽고 끝내서는 안 됩니다. 문제를 읽을 때는 다음과 같이 표시를 하며 문제를 읽게 하세요.

다래는 버스를 타고 할머니 댁에 갑니다. 할머니 댁까지는 모두 18정류장을 지나야 합니다. 지금까지 5정류장을 지났습니다. 앞으로 몇 정류장을 더 지나야 합니까?

문제를 읽을 때는 중요한 숫자에는 동그라미를 하고 중요한 문장에 밑줄을 긋는 습관을 들이게 하세요. 한 번 읽으면서 동그라미를 하고 밑줄을 긋는 것이 아니라 여러 번 읽으면서 문제에서 중요한 부분을 여러 번 표시해 가며 읽는 습관을 들이면 문제 이해 단계에서 실수를 줄일 수 있습니다.

그리고 문제를 검토하는 과정에서 실수를 줄이려면, 한 번 계산하고 답을 표시하고, 한 번 문제를 읽고 답을 표시하기보다는 보기 하나하나를 확인하는 과정이 필요합니다.

다음 수보다 1 큰 수에 ○표, 1 작은 수에 △표 하시오.

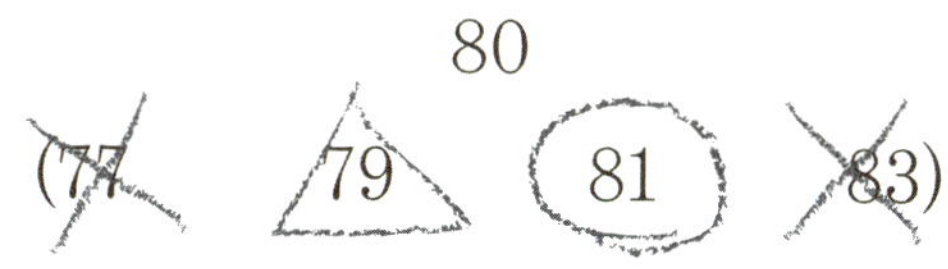

　문제를 읽고 필요한 답만 적는 것이 아니라 답이 아닌 것에도 아니라고 정확히 표시해 주면 문제를 푸는 과정에서 실수를 줄일 수 있습니다.

　또한 문제를 풀고 검토하는 과정에서 실수를 줄이려면 눈으로만 검토하는 습관을 버려야 합니다. 검토란 그야말로 다시 한 번 문제를 제대로 풀어 보는 것입니다. 이전에 문제를 제대로 읽지 않고 풀었다면 이 검토 과정에서 그 실수를 발견할 수 있습니다.

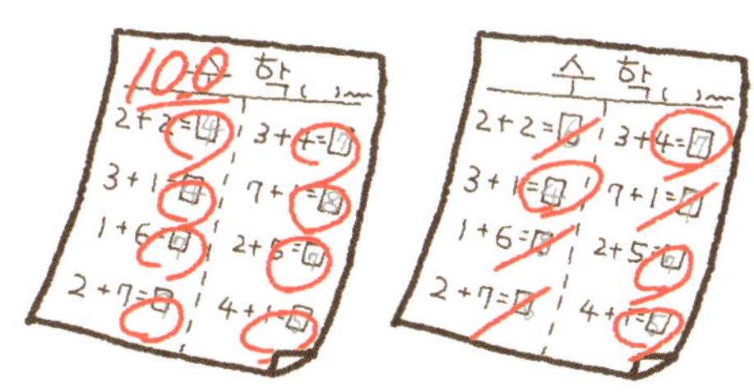

PART
02
방과 후 교실
엄마표
수학 홈스쿨

01

생활 속 예로 쉽게 가르쳐 주세요

1. 9까지의 수

수와 숫자(수를 문자로 표현한 것)는 수학과 일상생활에 꼭 필요한 기본적인 도구이다. 인류는 역사를 기록하기 전부터 수 개념을 발명하고 수를 이용하여 환경, 재산, 감정 등 많은 것을 양으로 표시하고 전달했다.

1. 엄마가 먼저 챙겨야 할 수학 상식

(1) 수 세기

아이들은 숫자의 이름을 어른이나 나이가 더 많은 아이를 모방해 배운다. 아이들이 수 세기를 연습할 때, "하나, 둘, 셋, 다섯, 여덟, 열다섯, 스물, 여섯, 백"이라고 세는 것은 이상한 일이 아니다. 이러한 세기는 이상하게 들릴 수도 있지만 자연스러운 것이다.

(2) 수 세기의 원리

어른들은 아마도 어린 시절에 수 세기를 하려고 어떻게 노력했는지 기억하지 못할 것이다. 그러나 아이들을 관찰해 보면 수 세기 전략이 매우 다양하고 수년간 계속해서 발달해 가는 과정임을 알 수 있다. 수 세기 과정의 네 가지 중요한 원리는 다음과 같다.

① 물건을 세려고 할 때는 다음 그림에서 볼 수 있듯이 물건마다 수 이름 하나로 세어야 한다. 물건과 수 이름 사이에 일대일 대응이 성립되어야 하는 것이다.

② 수 이름은 사물을 셀 때마다 고정된 순서로 사용되어야만 한다. 그림에서 보는 것처럼 '하나'에서 시작하여 '둘, 셋, 넷, 다섯, 여섯'으로 세고 있다.

③ 물건을 어느 것부터 셀지는 문제가 되지 않는다. 앞의 것부터 시작할 수도 있고 뒤의 것부터 시작할 수도 있다.

④ 마지막으로 사용된 수 이름이 물건의 개수이다. 물건을 앞에서부터 세든 뒤에서부터 세든 관계없이 마지막 물건에 지정된 수가 개수이다.

(3) 수 세기 전략

아이가 10이나 20까지 제대로 셀 줄 안다면, 다음과 같은 좀 더 복잡한 세기 방법을 가르쳐서 수를 더 잘 셀 수 있게 도와주는 것이 좋다.

① 앞으로 세기

어떤 수에서 출발하든 수 세기를 시작할 수 있게 해야 한다. 예를 들어, 여덟에서 시작해서 '아홉, 열, 열하나'로 셀 수 있다. 또는 58에서 시작해서 '59, 60, 61'로 센다. 수 세기 연습은 수에서 규칙성을 발견하도록 이끌며, 덧셈 능력을 키우는 데도 꼭 필요하다.

② 거꾸로 세기

거꾸로 세기는 한 점에서 시작해서 반대 순서로 올바르게 수 이름을 제시한다. 예를 들어, "경서는 25개의 색연필이 있었는데, 3개의 색연필을 잃어버렸다."라는 내용에서 문제를 풀기 위해서 거꾸로 "스물넷, 스물셋, 스물둘"을 세고 22개의 색연필이 남았다고 말할 수 있다. 이것은 뺄셈 능력을 키우는 데 도움이 된다.

③ 뛰어 세기

뛰어 세기는 하나씩 세는 대신 둘씩, 다섯씩, 열씩, 또는 다른 값만큼씩 세는 것이다. 이는 다양한 규칙성을 제공할 뿐만 아니라 곱셈과 나눗셈에 대한 준비 학습이 된다. 다양한 모형을 준비하여 둘씩, 셋씩, 또는 다른 값만큼씩 묶어서 뛰어 세기를 해 보면 아이들이 좀 더 익숙하게 할 수 있다.

2. 우리 아이 교과서 엿보기

1학년 1학기 1단원에서는 0에서 5까지의 수를, 2단원에서는 이를 바탕으로 6에서 9까지의 수 개념을 이해하여 수를 세고 읽고 쓰는 방법을 가르친다. 1~2단원에서 배워야 할 내용을 다음과 같이 정리할 수 있다.

(1) 수 세기, 읽기, 쓰기

교과서의 1단원에서는 교실에 있는 물건의 개수를 세는 활동으로 '하나, 둘, 셋, 넷, 다섯' 까지 세어 보며, 2단원에서는 교과서의 그림을 활용하여 '여섯, 일곱, 여덟, 아홉' 까지 수 세기를 확장한다.

(2) 수의 순서

수의 순서란 사물을 순서대로 배열했을 때 그 사물이 몇째인지를 알려 주는 것이다. "몇째입니까?" 또는 "어느 것입니까?"라는 물음에 답할 때 우리는 수의 순서를 생각하게 된다.

많은 아이들이 학교에 들어가기 전에 첫째, 둘째, 셋째 같은 몇 가지 순서수를 안다고 한다. 이것은 다음과 같이 생활 속에서 얻은 경험과 관련되기 때문이다.

경민이는 달리기에서 둘째였다.

민정이는 미끄럼틀 줄에서 셋째이다.

수의 순서를 지도할 때에는 생활 속에서 벌어지는 상황을 생각해 지도하면 아이들이 쉽게 이해한다.

(3) 1 큰 수와 1 작은 수 알기

'하나 많다'와 '하나 적다' 라는 개념은 수 세기를 배우는 초기에, 그리고 큰 수의 자릿값 학습에도 기본이 되는 개념이다. '하나 많다'와 '하나 적다' 라는 개념은 다음과 같이 다양한 생활 속의 경험에서 확립된다.

미영이는 진욱이보다 과자를 하나 더 적게 가지고 있다.

그 팀에는 운동선수가 한 명 적다.

'하나 많다'와 '하나 적다'의 개념은 다양한 방식으로 만들 수 있다. 그림과 같이 세 가지 모델을 보자. 퀴즈네어 막대, 점 카드, 연결 블록 등으로 수의 규칙성을 경험하면 수를 좀 더 잘 이해할 수 있다.

1	1	1
2	2	2
3	3	3

(4) 0 알아보기

0은 32와 302를 구별할 수 있게 해 준다. 숫자의 위치가 자릿수를 의미하는 이런 표기법에서 0은 '비어 있는 자리'를 나타낸다. 그러나 0이라는 수에는 더욱 깊고 중요한 의미가 담겨 있다. 1과 2가 고유한 수인 것과 마찬가지로 0 역시 엄연한 수로서 존재한다. '아무것도 없음'을 나타내는 수이다.

1. 같은 수일까요? 다른 수일까요?

위의 그림처럼 아이가 각 묶음을 셀 때는 여섯이라고 세지만, 그 묶음들 가운데 어떤 한 묶음이 더 많다고 말하는 경우가 있다. 어른들에게는 '이쪽 여섯'이 '저쪽 여섯'보다 크다고 여길 수 없지만, 수에 관한 보존 개념이 생기지 않은 아이의 논리는 어른의 논리와 매우 다를 수밖에 없다.

보존 현상은 피아제의 인지 발달 이론에 나오는 것으로, 많은 연구자들이 연구 주제로 삼았다. 5세 또는 6세 이전의 아동은 수의 보존성을 이해하기가 어렵다. 한 집합 안의 사물이 모여 있는 모양은 사물의 개수에 영향을 미치지 않는다는 사실을 깨닫지 못한다. 유치원 또는 초등학교 1학년과 2학년(때로는 중·고학년)의 많은 학생들이 보존성의 개념으로 이해하지 못한다. 이런 미숙함이 보일 때는 아이가 세어야 할 다양한 물건을 서로 다른 형태로 배열하여 세어 보게 하는 것이 좋다. 콩이나 단추와 같이 작은 물건을 다양하게 배열해 놓고 아이와 함께 수를 세어 보면서, 배열이 달라진다고 수가 변하는 것은 아니라는 것을 이해시킨다.

2. 수와 단위가 함께 있을 때는 어떻게 읽어야 할까?

수는 상황에 따라 읽는 방법이 다르다. 특히 수와 단위를 함께 읽을 때는 수를 읽는 방법이 달라진다. 저학년 아이들은 단위가 함께 있는 수를 읽을 때 많은 오류를 범한다.

(1) 사과 4개처럼 개수나 횟수 등을 나타낼 때와 순우리말 단위가 붙을 경우는 수를 '하나(한), 둘(두), 셋(세), 넷(네), 다섯……'이라고 읽는다.

예 : 강아지 2마리 ⇨ 강아지 두 마리, 자동차 4대 ⇨ 자동차 네 대,
나이 8살 ⇨ 나이 여덟 살, 꽃 1송이 ⇨ 꽃 한 송이

(2) 몇 반, 건물의 층수, 강아지의 무게처럼 수의 차례나 번호, 측정한 값 (cm, g)을 나타낼 때와 한자어의 단위가 붙을 경우는 수를 '일, 이, 삼, 사, 오……'라고 읽는다.

예 : 아파트 7층 ⇨ 아파트 칠 층, 길이가 9cm ⇨ 길이가 구 센티미터,
나는 3학년 ⇨ 나는 삼 학년, 2년 동안 ⇨ 이 년 동안

그러면 "저는 구 살, 동생은 여섯 세"를 어떻게 읽어야 할까? '살'은 나이를 나타내는 순우리말 단위이므로 '아홉 살'로 읽어야 하며, '세'는 나이를 나타내는 한자어 단위이므로 '육' 세라고 읽어야 한다.

5 모형 틀과 10 모형 틀을 사용하여 수 배우기

　5 모형 틀과 10 모형 틀은 주어진 수가 기준 수인 5와 10과 같은 특정 수와 어떤 관계가 있는지를 알아볼 수 있는 모형 틀이다. 로버트 위츠가 제안한 것으로, 10 모형 틀은 2×5로 배열되어 있고 5모형 틀은 1×5로 배열되어 있다. 점이 수를 나타내는데, 수의 관계를 파악하고 10 모으기와 가르기 공부에도 도움이 되며 덧셈과 뺄셈을 배울 때도 효과적이다.

1. 5 모형 틀을 이용한 놀이

• 준비물 및 만드는 방법

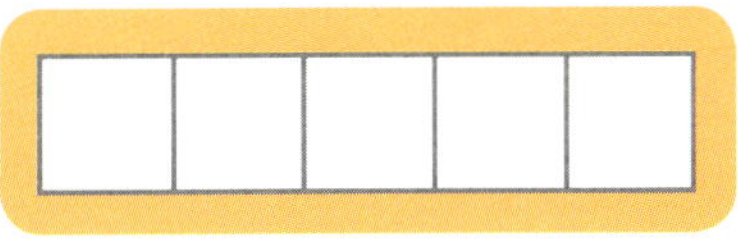

　5개의 칸으로 된 이 모형 틀은 종이에 다음과 같이 그려서 사용할 수 있다. 5 모형 틀 부분을 채울 수 있는 10개의 동그라미 모양을 준비해 놀이를 한다. 0에서 9(또는 10)까지의 수 카드가 있다면 놀이를 더욱 재미있게 할 수 있다.

• 놀이 방법

① 5 모형 틀 각각의 칸에는 하나의 동그라미만 들어갈 수 있다.

② 동그라미는 왼쪽에서부터 채운다.

③ 수를 부르거나 선택한 카드에 적힌 수만큼 모형 틀에 동그라미를 놓는다.

④ 처음에는 5보다 작은 수로 시작한다. 예를 들어, 3이라면 오른쪽과 같이 놓을 수 있다.

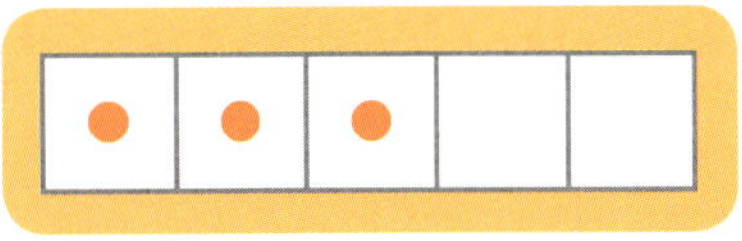

⑤ 반대로 동그라미를 5 모형 틀에 놓고 수를 세어 말하는 방법으로 놀이를 변형해 본다.

⑥ 5보다 작은 수에 익숙해지면 5와 10사이의 수로 해 본다.

⑦ 5보다 큰 수, 예를 들어 7과 같은 경우는 오른쪽 그림에서 보이듯이 5모형 틀을 채우고도 동그라미가 남지만 놓을 칸이 없다. 그럴 경우에는 밖에다 놓으며 7이 5보다 얼마 더 큰 수인지 말해 보게 한다.

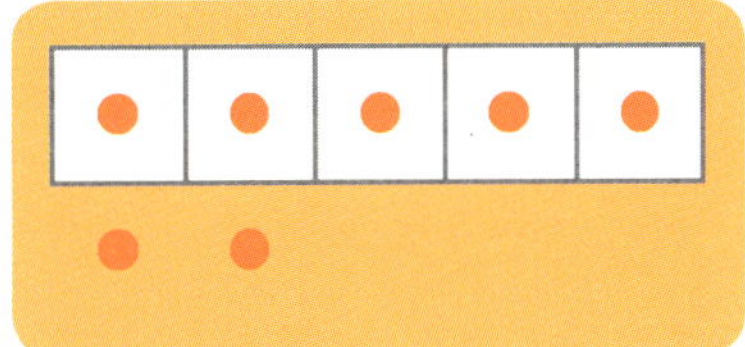

⑧ 반대로 5와 10 사이의 수로 동그라미를 놓고 수를 말하게 한다.

• 주의할 점

　3 만들기에서 다음과 같은 경우 왼쪽부터 채워야 한다는 규칙에서 벗어나지만 아이가 나름대로 생각하고 대답했을 경우에는 잘못된 답이라고 하면 안 된다. 예를 들어 "이것은 2 더하기 1이다." 또는 "이것은 1 더하기 2이다."라고 말한 경우는 오히려 아이의 아이디어를 칭찬해 줘야 한다.

2. 10 모형 틀을 이용한 놀이

• 준비물

① 10 모형 틀과 동그라미 모양 : 종이, 사인펜, 자, 동그라미 모양 10개
② 10 모형 틀 카드 만들기 : 마분지 종이를 이용해 명함 크기의 카드 20장, 종이, 사인펜

• 만드는 방법

① 10 모형 틀 : 5개의 칸 두 줄로 된 이 모형 틀은 종이에 오른쪽과 같이 그려서 사용할 수 있다. 10 모형 틀 부분을 채울 수 있는 10개의 동그라미 모양을 준비한다.

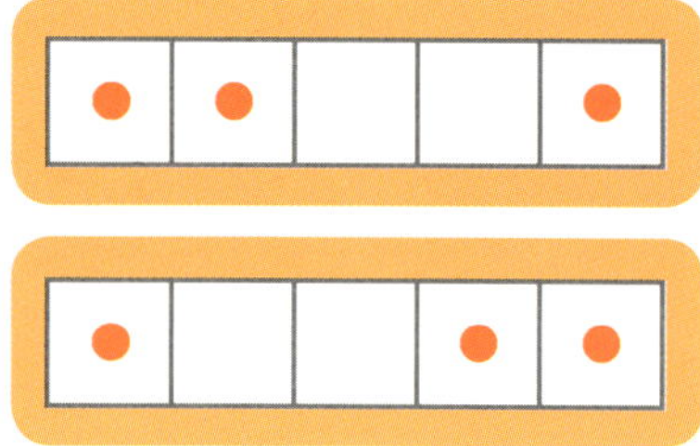

② 10 모형 틀 카드 만들기 : 명함 크기의 카드 20장 각각에 10 모형 틀을 아래와 같이 그려 넣는다. 점은 틀 안에 그린다. 1~9까지가 2장, 0과 10 각 1장, 이렇게 20장의 카드를 한 세트로 구성한다.

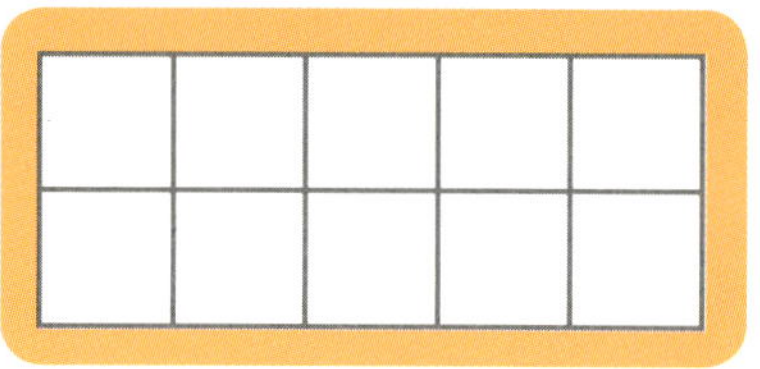

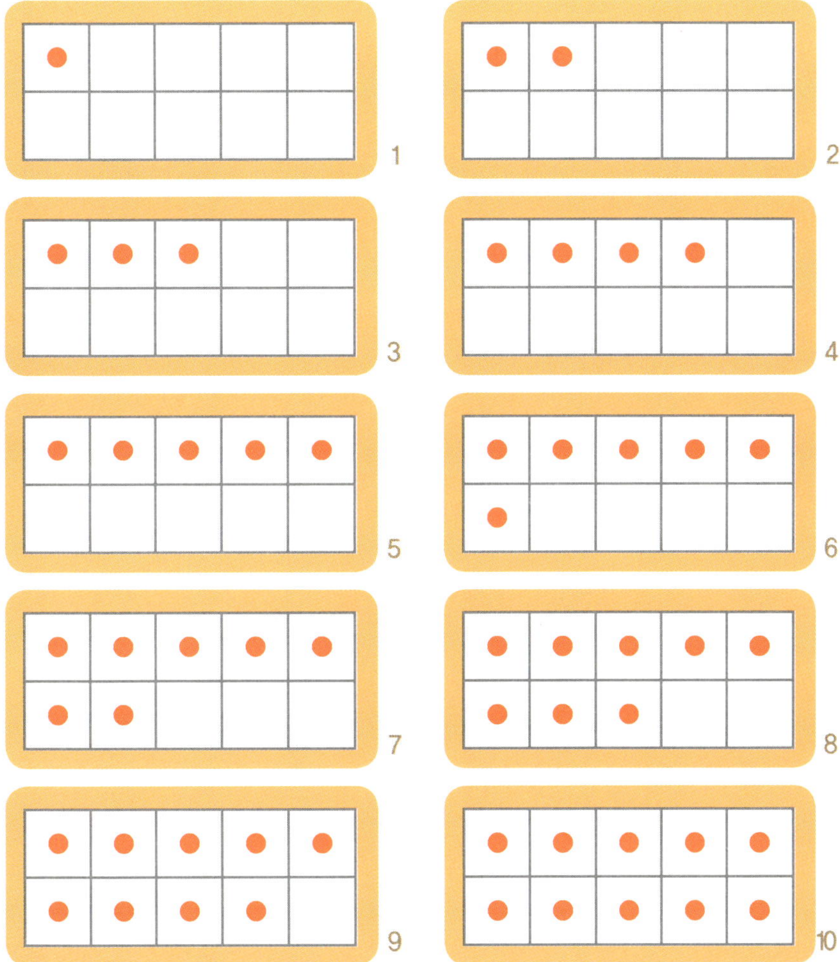

• 놀이 방법 1

① 10 모형 틀 각각의 칸에는 하나의 동그라미만 들어갈 수 있다.

② 수를 부르거나 선택한 카드에 적힌 수만큼 모형 틀에 동그라미를 놓는다.

③ 주어진 수를 여러 가지로 표현해 본다. 예를 들어, 8을 다음과 같이 다양하게 표현할 수 있다.

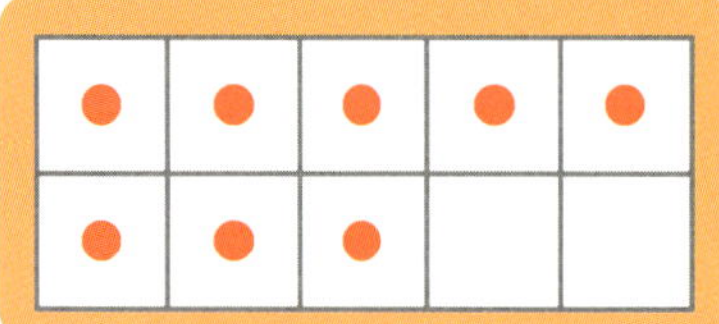

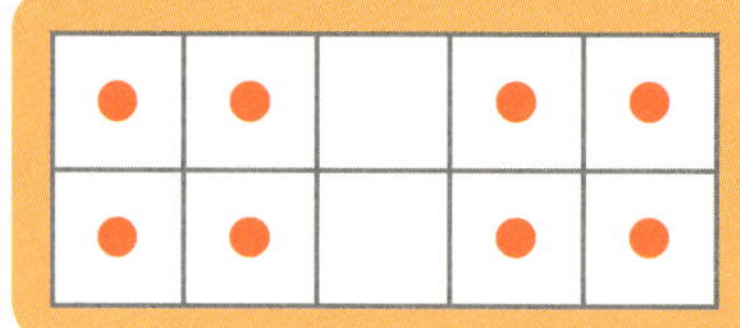

④ 다양하게 동그라미를 놓고 아이에게 몇인지 말하게 한다. 그리고 왜 그 숫자라고 생각하는지 얘기를 나눠 본다. 처음에는 동그라미를 하나씩 세겠지만 시간이 지나면 다양한 방법을 생각해 낸다.

⑤ 이 놀이로 10 가르기와 모으기도 할 수 있는데, 동그라미를 채워 놓은 다음에 몇 개를 더 놓아야 10이 되는지 알아보게 할 수도 있다.

• 놀이 방법 2

① 1~20까지 점으로 표현한 20개의 카드 중 하나를 뽑는다.

② 고른 카드에 있는 점의 수를 세어서 수를 말한다.

③ 점의 수보다 1이 더 큰 수를 말해 보게 한다. 그리고 1이 더 작은 수를 말해 보게 한다.

④ 점의 수보다 2가 더 크거나 작은 수로 확장해 나간다.

⑤ 다른 놀이 방법으로, 카드를 고른 다음에 10이 되려면 얼마가 필요한지 묻는다.

⑥ 아이에게 10 모형 틀 카드를 빨리 보여 주고 몇 개의 점이 있는지 말해 보게 하는 것도 재미 있다. 수의 구조를 파악하는 데도 좋다.

• 놀이 속의 수학

10은 수 체계에서는 가장 기본적인 것이며 매우 중요하다. 그러한 의미에서 10 모형 틀은 규칙성을 파악하고, 수의 묶음을 인식하고, 자릿값을 이해하는 데 가장 효율적인 모델 중의 하나이다.

아이들은 10 모형 틀에서 주어진 수를 다양한 방법으로 구성할 수 있다. 이것은 아이로 하여금 유연하게 수를 생각하게 하고, 그럼으로써 더 큰 수 감각을 익히게 한다. 또한 10 모형 틀의 경험은 자릿값뿐 아니라 덧셈, 뺄셈, 곱셈, 나눗셈 능력도 길러 준다.

발타자의 산책

『발타자의 산책』(청어람미디어)은 프랑스 아이들에게 사랑받는 '발타자' 시리즈 중 한 권이다. 몬테소리의 교육 철학을 바탕으로 유아의 발달 단계를 고려한 이야기에, 그것의 주제와 의미를 효율적으로 전달하는 그림을 함께 담은 수학 그림책이다.

이 책은, 갈색 토끼를 찾기 위해 '빼빵'의 손을 잡고 비 내리는 정원을 산책하게 된 '발타자'와 함께 숫자 1부터 10까지, 그리고 0에 대해 익히게 해 준다. 그리고 마지막 장에서는 '발타자'의 꿈속에서 하얀 토끼 100마리가 나와 100이라는 수를 알게 한다.

아이와 함께 읽으면서 해당 동물을 찾아 보고 동물의 수를 함께 센 다음, 그림의 오른쪽에 나오는 숫자를 손으로 짚어 가면서 숫자 쓰기 연습도 할 수 있다.

즐거운 이사 놀이

안노 미쓰마사의 『즐거운 이사 놀이』
(비룡소)로는 10에 대하여 다양하게 공부
할 수 있다.

이 책에는 10명의 아이들이 집 안 구석
구석에 있다. 뒤로 갈수록 집은 아이들을
가리고, 몇몇은 창문을 통해 보인다.

한 장씩 넘기면 왼쪽 페이지에 있는 집
에서 오른쪽 페이지에 있는 집으로 이사
를 간다는 내용이다. 10명(왼쪽 페이지)-0
명(오른쪽 페이지), 9-1, 8-2, …… 0-10
짝의 형태로 옮겨 간다.

각각의 페이지에서 창문을 통해 아이들
을 보여 주지만 보이지 않는 아이의 수가

얼마나 되는지 이야기할 기회를 마련할 수도 있다. 다양한 질문을 하면서 10이라는 수를 놀
이처럼 즐길 수 있게 한다.

이 책의 또 다른 매력은 맨 뒷장에서 시작해도 된다는 것이다. 맨 뒷장에서부터 넘기면 오
른쪽 집에서 왼쪽 집으로 이사를 가게 되며 숫자의 짝도 반대가 된다.

ⓒ 생각해 볼 내용

- 만약 아이들이 한 번에 한 명씩 가는 대신 둘씩 가면 어떻게 될까?
- 만약 집이 3채라면?
- 만약 더 많은 아이들이 있었다면?
- 집 안에 셀 수 있는 다른 것은 무엇이 있나?
- 방, 그림, 창문이 몇 개나 있나?
- 우리 집은 어떤가?
- 집 대신에 방 2개나 버스 2대는 어떨까?

2. 1000까지의 수

 **엄마의 목표 :** 10 이상의 수에서는 10개씩 묶음 짓기를 바탕으로 십진법의 자리 잡기 원리를 이해하고 자릿값의 개념을 정확히 알게 한다.

우리 아이 교과 단원
1학년 1학기 6. 50까지의 수
1학년 2학기 1. 100까지의 수
2학년 1학기 1. 세 자리 수

아래 그림의 돌멩이는 몇 개일까? 어떻게 셀까? 하나씩 셀까? 아니면 묶음으로 나뉘서 셀까?

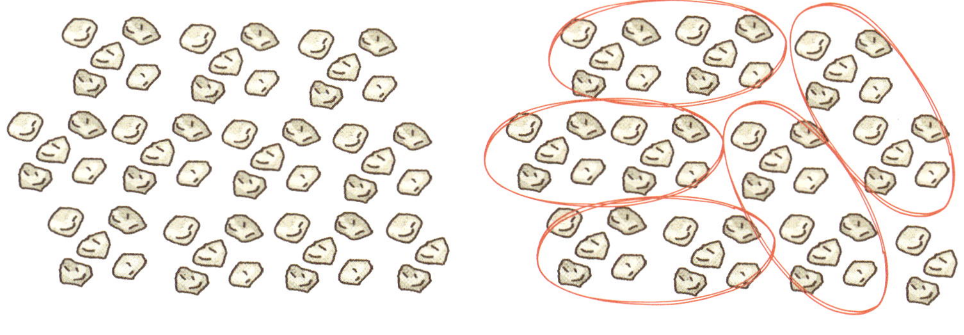

53

(10+10+10+10+10)+3=53

만약 하나씩 세어서 돌멩이의 개수를 알아냈다면 그 수를 확신할 수 있을까? 다시 셀 필요가 없을까? 만약 묶음으로 나누어 세었다면 몇 개씩 묶었을까? 2개씩, 3개씩, …… 10개씩 묶어서 셀 수 있지만 이미 수 체계에 익숙해진 어른들은 10개씩 묶어 세는 것이 편리하다는 것을 알 것이다. 10개씩 묶어서 돌멩이의 개수를 확인해 보면 10개 묶음이 5개, 낱개가 3개이므로 53개이다.

1. 엄마가 먼저 챙겨야 할 수학 상식

(1) 기수법 체계의 특징

기수법이란 숫자를 사용하여 수를 적는 방법을 말하는데, 오늘날에는 0에서 9까지의 숫자를 사용하고 십진법으로 나타내는 인도-아라비아 기수법을 사용한다.

이러한 기수법 체계는 다음과 같이 매우 중요한 네 가지 특징이 있다.

① 자릿값 : 숫자의 위치는 그 값을 나타낸다. 예를 들어, 35에서 3은 '30'을 나타내며, 43에서의 3과는 수학적으로 의미가 다르다.

② 십진법 : 우리의 수 체계는 0에서 9까지 10개의 숫자를 사용한다.

③ 0의 사용 : 아무것도 없음을 상징적으로 나타내는 영은 309에서처럼 100과 1은 있지만 10은 없음을 나타낸다.

④ 가법성 : 수를 자릿값으로 더할 수 있다. 예를 들어, 125는 100+20+5이다.

(2) 자릿값 이해시키기

10 모형 틀은 세기, 묶기, 그리고 가장 중요한 두 자리 수를 표현하는 데 편리한 모델이다. 10 모형 틀은 자릿값에 대한 자연스러운 모델로서 아이들이 두 수를 말하고 구별하는 데 중요한 예시 자료를 제공한다. 예를 들어, 23과 32를 10 모형 틀로 보여 주면 아이들은 두 수를 제대로 구별할 수 있다.

이러한 것을 제시해 주면 아이들은 23과 32는 똑같은 숫자로 이루어졌지만 자릿값으로 인해 서로 다르다는 것을 이해할 수 있다.

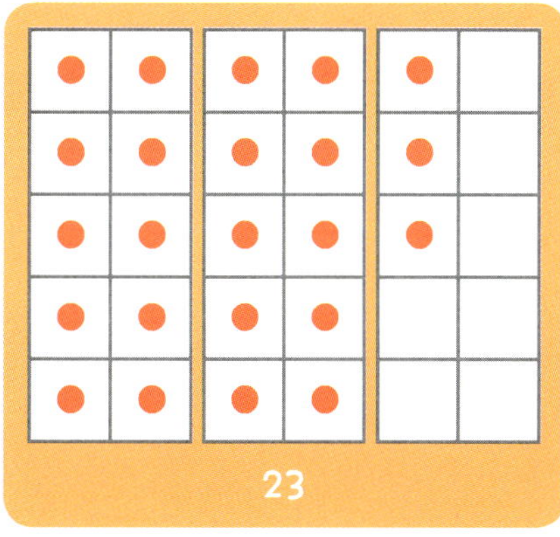 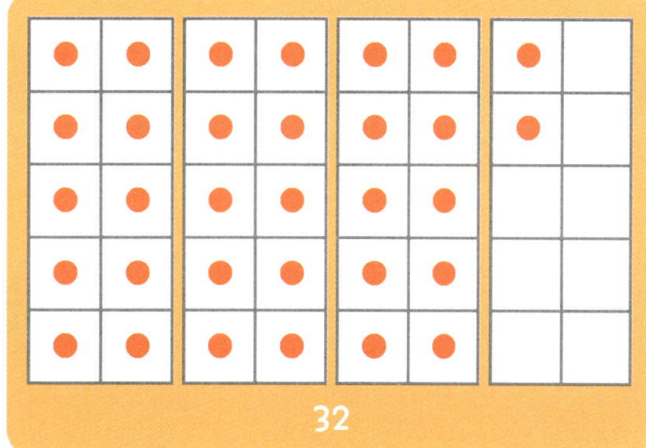

(3) 묶기 또는 교환하기

물건을 세어 10이나 100씩 묶고, 묶은 것이 10개가 되면 그 위 자릿값으로 교환한다. 그렇게 되는 과정을 이야기해 보게 하자.

세기와 묶기를 연습할 수 있는 콩, 단추, 주사위 등과 같은 물건을 준비하여 10으로 묶어 보게 한다. 자릿값을 이해하는 데 도움을 준다.

2. 우리 아이 교과서 엿보기

1학년에서는 100까지의 수를 다루고, 2학년에서는 1000까지 다룬다.

(1) 10에서 20까지

아이가 0부터 9까지의 수를 학습한 후 다음 수인 10을 배우는데, 교과서에서는 9보다 1 큰 수로서 10을 도입한다. 11부터 20까지를 제대로 이해하기 위해서는 무엇보다 10의 개념을 정확히 파악해 두어야 한다.

아이가 10에 대해서 제대로 이해하고 있는지 확인하기 위해 '숨겨진 수 찾기'를 해 보자. 콩이나 클립과 같이 손에 쥘 수 있는 것을 10개 준비하여 아이에게 주고 세어 보게 하여 10개라는 것을 확인한다. 다시 그 콩을 받아 한 손에는 몇 개의 콩(또는 클립)을 숨겨 놓고 다른 손에 있는 콩(또는 클립)을 보여 준다. 아이에게 "숨겨진 수는 얼마니?"라고 묻는다. 아이가 바로 대답하면 10의 개념을 제대로 아는 것이다.

11에서 20까지 세기를 할 때는 종이를 두 부분으로 나누어 왼쪽에 산가지 10개 묶음을 놓고, 오른쪽에는 낱개를 놓고 세어 보자. 산가지 전체 개수를 아이와 함께 세어 본다. 1부터 전체를 세어 보기도 하고, 10개 묶음의 수와 낱개의 수로 세어 본다.

(2) 몇십, 몇십 몇 알기

10개씩 묶어 10개 묶음이 3, 4, …… 9개인 수로 30, 40, …… 90을 알게 하며, 10개 묶음과 낱개의 개수를 써서 수를 나타내는 방법으로 몇십 몇을 알게 한다.

아이가 교과서에 나오는 대로 10개 묶음의 수와 낱개의 수를 파악하여 수를 쓰는 방법을 아는 것이 중요하다. 실제로 집에서 단추나 크레용, 콩 등 아이가 세고 싶어 할 것 같은 물건을 골라서 하나씩 수를 세어 보게 하고, 또 더 빨리 세기 위해서 여러 수로 묶어서 세어 보게 한 다음 10개씩 묶어서 세는 것이 가장 편하다는 것을 알아내게 하는 것도 좋다.

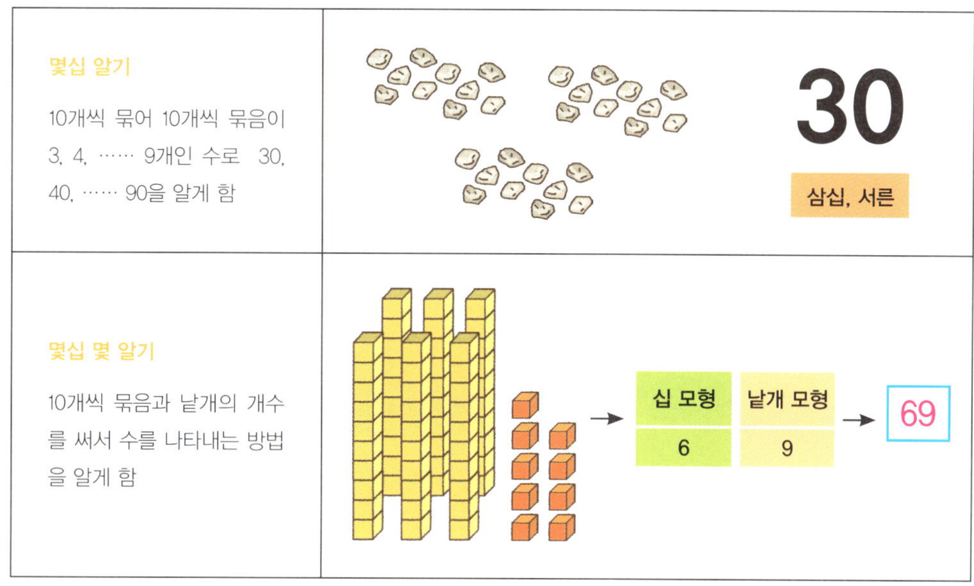

(3) 100 알기

1학년 2학기 6단원에서 99 다음의 수로 100을 소개하고 100을 읽고 쓰는 방법을
설명한다. 1학년에서 도입한 100을 2학년 1학기 1단원에서 좀 더 구체적으로 알아보
게 된다.

100은 낱개로 100개, 10개 묶음 10개, 100개 묶음은 1개라는 사실을 정확히 이해
하는 것이 중요하다. 특히 10 모형 10개를 100 모형 한 개로 교환할 수 있다는 것은
두 자리 수에서 세 자리 수가 되는 과정이므로 매우 중요하다.

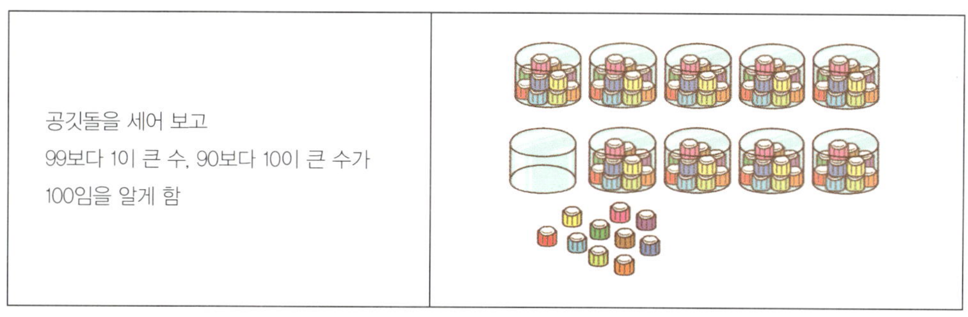

| 수 모형으로 100을 알아보기 | 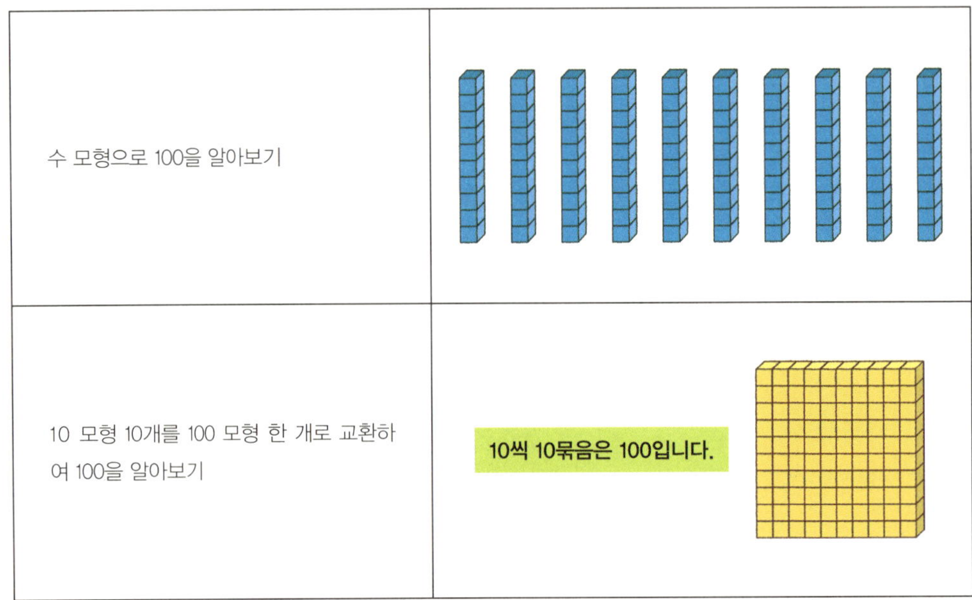 |
| 10 모형 10개를 100 모형 한 개로 교환하여 100을 알아보기 | 10씩 10묶음은 100입니다. |

(4) 세 자리 수의 읽기, 쓰기 및 기수법의 원리

세 자리 수는 다음과 같은 자릿값 매트를 활용하여 1과 10, 100을 구분하는 용도로 쓰면 좋다. 일의 자리를 오른쪽에 두고 그 왼쪽으로 10과 100을 놓는 것이다.

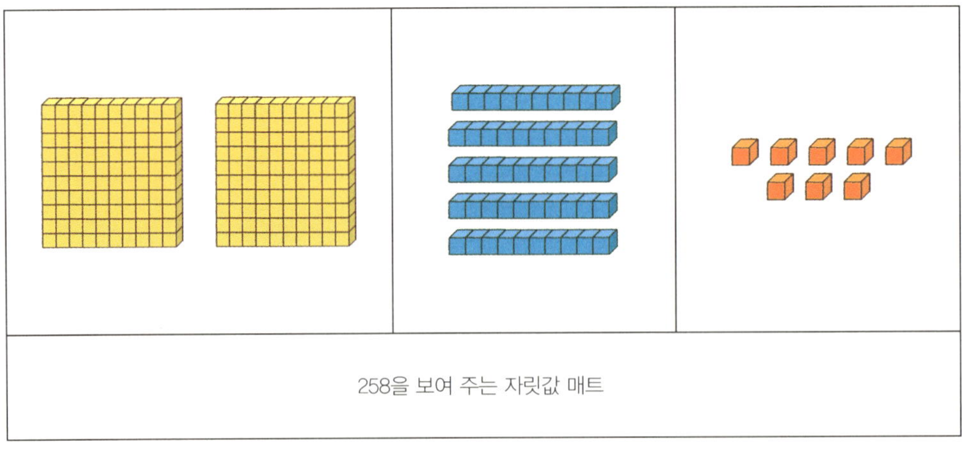

258을 보여 주는 자릿값 매트

세 자리 수 읽기와 쓰기

옆의 수 모형을 100 모형, 10 모형, 낱개 모형별로
놓은 후에 낱개 모형을 10개씩 묶어서 10 모형으
로 바꾸고, 10 모형을 10개씩 묶어 100 모형으로
바꾼다. 그 다음에 모형별로 놓고 읽는다.
100이 2, 10이 5, 1이 8이면 258이 되며 '이백오
십팔'이라고 읽는 것을 배운다.
이것은 이후에 학습하게 될 받아올림과 받아내림
의 기초가 되므로 아이가 단순히 수를 읽는 것에
만 목표를 두지 말고, 수를 읽으면서 자릿값 구성
과 수의 크기를 생각하게 해야 한다.

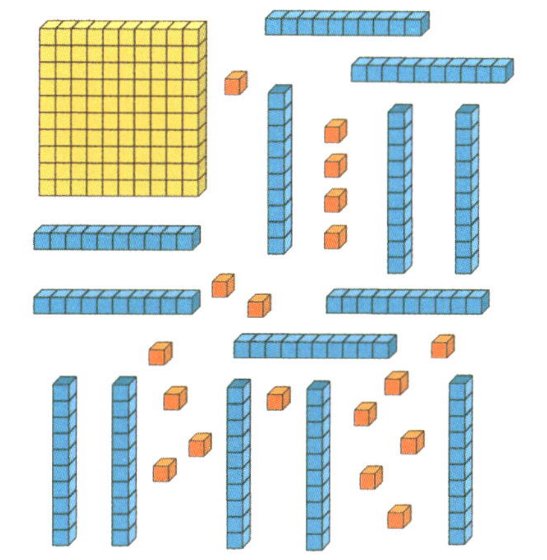

자릿값 알아보기

258에서 2는 백의 자리 숫자이며 200을 나타내
고, 5는 십의 자리 숫자이고 50을 나타내며 8은
일의 자리 숫자이고 8을 나타낸다는 것을
알게 한다.

1. 53일까? 503일까?

○○이의 일기

○○○○년 ○월 ○일

제목 : 오십삼은 503이 정말로 아냐?

수학 시간에 속상한 일이 생겼다.

선생님께서는 수학 문제를 내셨는데, 불러 주시는 수를 숫자로 쓰는 시험이었다.

선생님께서는 5번 문제로 오십삼을 불러주시며 숫자로 써 보라고 하셨다. 나는 자신 있게 503 이라고 썼다. 그러나 선생님께서는 틀렸다고 채점을 하셨다. 다른 문제들은 다 맞혔는데 하나 가 틀려서 너무 속상하다.

나는 맞게 답을 썼는데, 왜 선생님은 틀리다고 하실까? 그 이유가 너무 궁금하다.

'오십삼'을 '503'으로 쓰는 것은 1~2학년 아이들이 쉽게 저지르는 실수 중의 하나이다.

아이들이 자릿수에 대한 기본적인 것을 이해하기도 전에 읽고 쓰는 것을 숙달하도록 가르치 는 경우 그런 일이 발생한다. 결국 아이들은 일기의 주인공처럼 그저 들은 대로 쓴다.

2. 자릿값을 어떻게 지도할까?

(1) 하나하나 낱개로 세기

아이가 처음에는 이 방법으로 세기 시작한 다. 1씩 세는 것은 아이들이 '얼마나 많은지 말 할 수 있는' 유일한 방법이다.

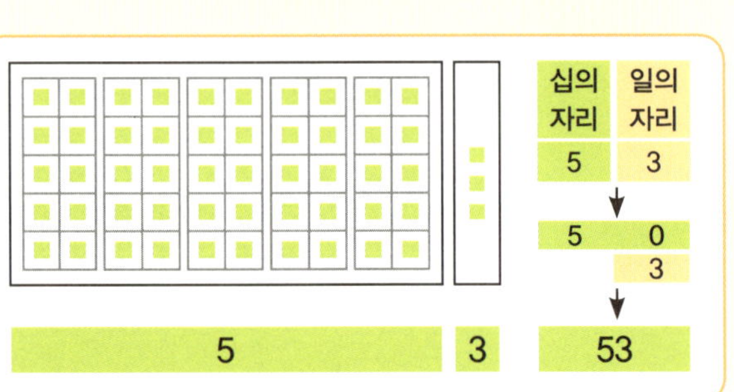

(2) 묶음과 낱개로 세기

'10의 묶음이 하나, 둘, 셋, 넷, 다섯, 그리고 낱개가 하나, 둘, 셋.' 10개 묶음의 수를 십 의 자리에 쓰고, 낱개의 수를 일의 자리에 쓰는 기수법의 틀 을 지도한다.

십의 자리	일의 자리
5	3

5	0
	3

5	3	53

엄마, 우리 수학 놀이 해요!

1. 간단한 수 놀이

(1) 축구

- **준비물**

  놀이판, 수 카드, 축구공(플라스틱 판)

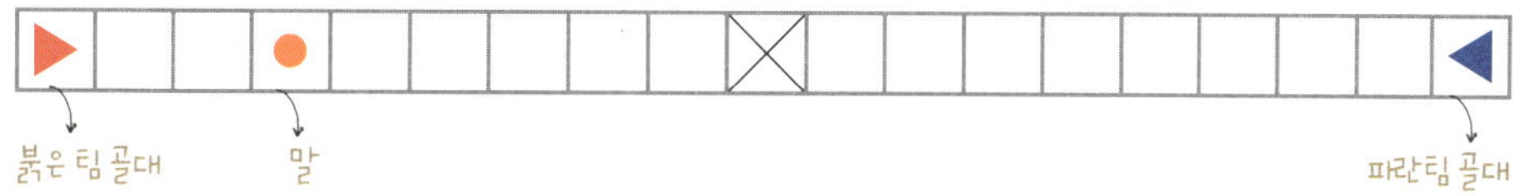

- **놀이 방법**

① 1에서 20까지의 수 카드 한 벌을 섞어 뒤집어 놓는다.

② 가위바위보로 순서를 정하여 첫 번째 공을 찰 사람이 축구공(플라스틱)을 자기편 골대 안에 놓고 카드를 뒤집는다.

③ 선수는 카드에 적힌 수만큼 칸에서 축구공을 움직인다.

④ 이어서 상대편 선수도 카드를 뒤집어 반대 방향으로 축구공을 움직인다.

⑤ 공이 반대편 골로(또는 그 이상) 들어가면 1점을 얻는다.

⑥ 득점 후 공격자(득점자)는 자기편 골대 안에 공을 놓고 처음부터 다시 시작한다.

- **유의할 점**

  시간을 정해 놓고 해도 되고 몇 점까지 내기를 할지 정하고 시작하며, 수 카드는 범위를 더 줄여서 해도 된다. 수 카드가 아니고 주사위를 던져서 할 수도 있으며 골대가 아닌 중앙에서 시작해서 반대편으로 축구공을 움직여 가는 것도 괜찮다.

(2) 묶어 세기

- **준비물**

  아이가 세고 싶어 할 것 같은 물체는 아무거나(신발, 단추, 큐브, 클립, 바둑알, 크레용 등) 다 좋으며 반드시 셀 수 있는 것으로 25에서 100 사이에 있는 것이어야 함.

• 놀이 방법

① 하나씩 세어 보기

② 두 개씩 세어 보기

③ 다섯 개씩 세어 보기

④ 일곱 개씩 세어 보기

⑤ 열 개씩 세어 보기

⑥ 어느 것이 가장 세기에 편한지 함께 얘기해 본다.

2. 교환 게임

• 준비물

수 카드(0에서 10까지의 수), 10진 블록, 종이, 연필

• 놀이 방법

① 두 사람 이상이 하는 게임이다.

② 처음에 각자에게 기본 점수 126점을 주고 시작하는데, 10진 블록을 이용하여 자릿값 매트에 그림 1과 같이 126을 놓고 시작한다. (시작 점수는 어느 것이어도 좋다. 수 개념의 수준에 따라서 0점에서 시작해도 좋고 10점에서 시작해도 좋다.)

③ 뒤집어 놓은 수 카드에서 한 장을 고른다.

④ 고른 수(예를 들어, 9)만큼 블록을 가져가서 그림 2와 같이 자릿값 매트에 놓는다.

⑤ 자릿값 매트의 일, 십, 백의 자리에서 10개가 채워지면 그 윗자리로 수를 교환할 수 있다. 예를 들어 일의 자리에 10개가 채워졌다면 그림 3처럼 십의 자리 1개로 교환하여 그림 4번처럼 점수에 기록이 되는 것이다.

⑥ 처음에 정한 점수를 얻거나 시간을 정해 놓고 게임을 하여 점수가 높은 사람이 이기는 게임이다.

• 놀이 속의 수학

게임 점수를 기록하는 것은 묶음 짓기와 교환하기 등 자릿값에 대해 제대로 알 수 있는 기회를 제공한다.

그림 1 처음 점수	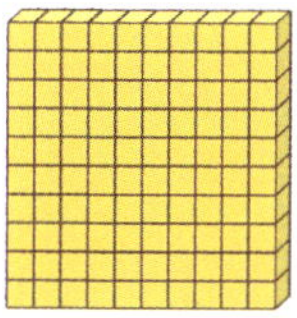	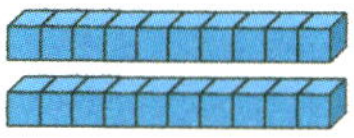	
	1	2	6
그림 2 9점 획득	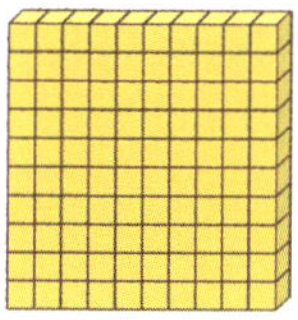	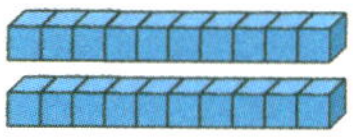	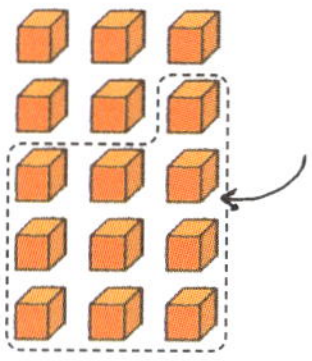
	1	2	6
그림 3 조각 10개를 막대 1개로 교환	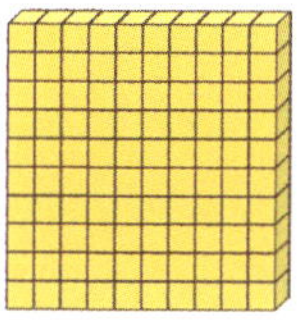	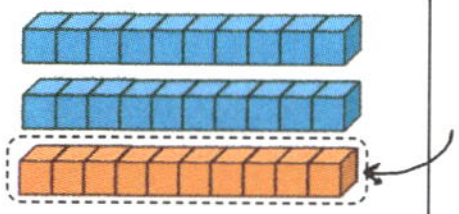	
	1	2	6
그림 4 기록 점수 수정		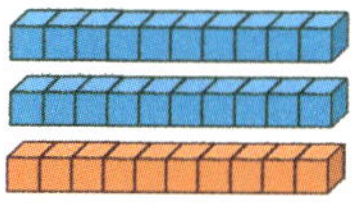	
	1	3	5

개념 수학

수를 제대로 이해하려면 수를 세는 것뿐만이 아니라 수가 어떻게 이루어지는지 이해해야 한다. 예를 들어, 아무리 수가 커질지라도 10개가 모여야 그 위의 자릿값으로 올라간다는 원리를 수학 동화로 보여 준다면 아이들이 더욱 쉽게 이해할 수 있을 것이다.

수학 그림책 중에 10진법의 원리를 자연스럽게 터득할 수 있는 책으로 『개념 수학』(한림출판사)을 소개한다. 『개념 수학』에는 모두 다섯 편의 이야기가 실려 있다. 이 중에서 '경단 세기'는 실제 사물을 점점 간단한 그림 모양으로 그려 가다가 결국 원(경단)으로 나타낼 수 있다는 것을 알게 되고, 이어 10진법의 원리까지 터득하는 이야기이다.

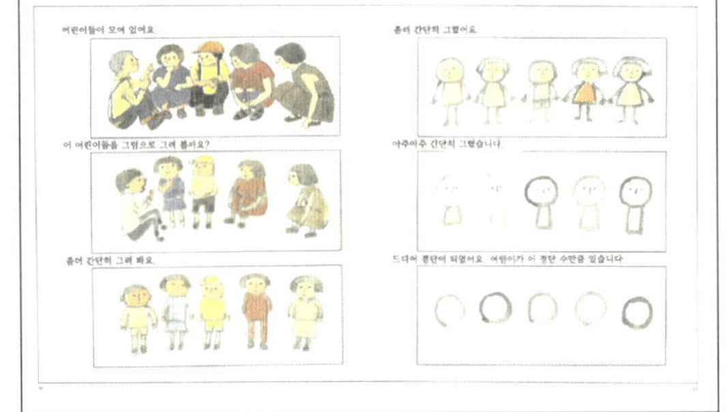

실제 생활에서 셀 수 있는 것들을 간단하게 원(경단)으로 표현하며 1부터 5까지의 수를 알아보고 0의 개념 또한 자연스럽게 알려 준다. 그림 속에서 다양한 물건의 수를 세고 그것을 경단의 수로 표시한다.

『개념 수학』에서는 무엇이든 마음대로 할 수 있는 난쟁이들이 등장하는데, 이 난쟁이들은 원 모양의 경단을 네모로 만들어 쌓아 올리기 쉽게 한다. 그러면 좀 더 셈하기가 쉬워지기 때문이다. 네모로 만들어진 경단은 집 모양으로 된 곳에 쌓인다. 10개는 하나로 묶어서 이웃의 큰 창고로 보내게 되는데 이 수를 10이라고 한다. 그 묶음 하나와 집 모양으로 된 곳에 쌓인 3개가 13이라는 것을 알려 준다. 10개가 되면 묶어서 새로운 자릿값을 만들어 낸다는 것을 보여 주는 재미있는 책이다.

수에 대해 알아본 뒤에는 숲 속의 그림에서 다양한 동물과 나무와 사람의 수를 세어 보고 숫자로 쓸 수 있는지 확인한다.

아만다의 아하! 곱셈구구

수 세기는 모든 수학의 기초이면서 덧셈과 곱셈의 기초가 되는 활동이다. 수 세기로 덧셈을 하는 아이들에게 곱셈을 가르칠 때는 곱셈이 필요한 실제 상황을 생각하면서 곱셈을 접하게 해야 한다. 이때 참고할 수 있는 책 중에는 메릴린 번스의 『아만다의 아하! 곱셈구구』(청어람미디어)가 있다.

아만다는 수 세기를 좋아하는 아이로, 항상 주변의 물건 세는 것을 좋아한다. 그래서 학교 친구들은 아만다를 '수 세기 박사'라고 부른다. 아만다는 수 세기를 좋아하는 만큼 잘한다. 아만다는 이제 곱셈을 배우기 시작했다. 선생님은 곱셈으로 수 세기를 더 편하고 빠르게 할 수 있다고 하지만 수 세기에 능숙한 아만다는 모든 것을 세어서 물건의 개수를 알아내려고 한다. 그러던 어느

날 아만다는 꿈을 꾸게 된다. 양들이 타고 지나가는 자전거의 바퀴를 세려는데 너무 빨리 지나가 버리고, 결국 양들을 뒤쫓아간 곳에서 아만다는 너무나도 빨리 제시되는 여러 상황을 통해 수 세기보다 곱셈으로 더 빠르고 쉽게 물건의 수를 알아낼 수 있다는 것을 깨닫는다.

책 속의 그림을 보면서 곱셈이 쓰이는 다양한 상황을 접할 수 있다. 예를 들어, 건물의 창문 개수, 사탕가게의 사탕 개수, 빵가게의 케이크 수, 빵과 쿠키의 수, 공원에 있는 나무의 수, 주방이나 욕실의 타일 개수, 도서관 책의 수 등 다시 한 번 아이와 함께 그림에 등장하는 것들을 세어 볼 수 있다.

3. 분수

2학년 2학기에 아이들이 분수 개념을 처음으로 접하게 되는데, 분수 개념은 똑같이 나누는 것부터 배우게 된다. "우리 가족이 사과나 피자를 똑같이 나누어 먹으려면 어떻게 해야 할까?"와 같은 질문으로 똑같이 나누는 것을 자연스럽게 접하게 하는 것은 어떨까?

분수 공부는 아이들이 처음 하는 공부이기 때문에 구체적인 사물로 직접 나누어 보는 활동을 여러 번 반복하면서 분수를 더 가까이 접하게 하자.

1. 엄마가 먼저 챙겨야 할 수학 상식

(1) 분수는 언제 생겼을까?

분수는 이집트에서 가장 먼저 사용되었다고 한다. 고대 이집트에서 분수는 어떤 것을 똑같이 나누어 가지기 위해 사용되었다고 하는데, 이를 바탕으로 이집트는 공동 경작, 즉 함께 일해서 거두어들인 것을 똑같이 나누는 공동체 사회였을 것이라고 짐작하는 사람도 있다. 물론 이집트에서 사용하는 분수는 오늘날 우리가 사용하는 분수와는 사용하는 방법이 많이 달랐다고 한다.

⑵ 전체 – 부분으로서의 분수

분수는 다양한 의미로 다양하게 쓰이고 있다. 아이가 학년을 올라가면서 몫으로서의 분수, 양을 나타내는 분수, 비의 값을 나타내는 분수, 측정값을 나타내는 분수 등을 배우게 된다. 그중 전체–부분의 의미는 분수 개념에서 가장 기초적이고 중요한 개념이다.

자연수 개념 발달 과정에서 수를 세는 것이 중요한 것처럼 분수 개념 인식을 위한 기초로서 전체–부분의 개념은 분수 학습에서 매우 중요한 구실을 한다.

아이들이 분수에서 전체를 똑같이 나누어 보는 것이 중요한 이유는, 구체물, 반구체물을 2등분, 4등분, 8등분하는 과정에서 자연수에서 새로운 형태의 수로 수 개념을 확장할 수 있기 때문이다.

그림에서 왼쪽 그림은 사각형을 6부분으로 똑같이 나누고 그중 5개를 칠했으므로 $\dfrac{5}{6}$ 가 되는 것을 보여 주며, 오른쪽 그림은 과자 12개를 3명에게 똑같이 나누어 줄 때 몇 개씩 나누어 줄 수 있는지 12의 $\dfrac{1}{3}$ 을 구하는 것이다. 12를 3묶음으로 똑같이 나누려면 한 묶음에 4개씩 묶으면 되므로 12의 $\dfrac{1}{3}$ 은 4가 되며, 12를 전체 3묶음으로 똑같이 나눈 것 중 한 묶음은 4가 된다는 것이며, 12의 $\dfrac{2}{3}$ 는 8이 된다는 것 또한 보여 준다.

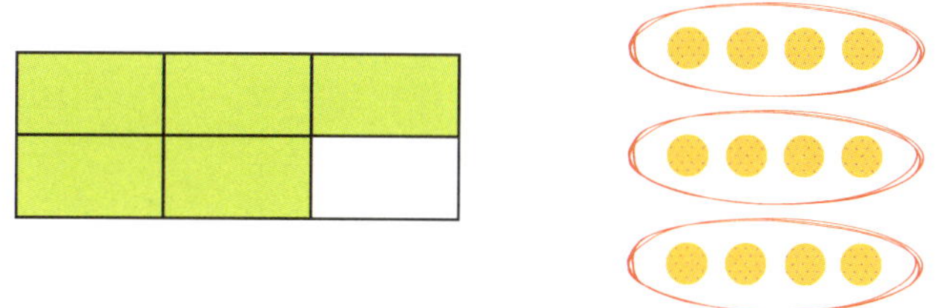

전체 – 부분으로서의 분수 예

아이들은 왼쪽처럼 도형을 똑같이 나누는 것은 쉽게 이해를 하나 오른쪽처럼 구체물이 여러 개일 때 전체를 똑같이 나누는 것을 어려워한다. 물론 2학년에서는 오른쪽과 같이 구체물이 여러 개 있을 때 똑같이 나누는 것은 배우지 않는다. 그러나 아이가 분수를 새롭게 배울 때 자연스럽게 도형이나 여러 구체물을 나누어 보게 해 보자. 분수의 개념을 형성하는 데 아주 좋은 경험이 될 것이다.

2. 우리 아이 교과서 엿보기

2학년 2학기 '5.분수'에서는 자연수로 표현되지 않는 양, 특히 전체 양에 대하여 똑같이 나눈 부분의 양을 수로 어떻게 표현할 수 있는지에 중점을 두고 분수의 개념을 도입해 보자. 이런 과정은 아이들에게 자연수에서 분수라는 새로운 형태의 수로 수의 범위를 확장해 주고 분수의 개념을 더 잘 이해할 수 있게 한다.

2학년에서 다룰 분수의 내용과 앞으로 배우게 될 내용은 다음과 같다.

이산량의 등분할 ← / 단위분수와 진분수의 관계 ← / 단위분수의 크기 비교 ← / 소수 도입 ← / 분모가 같은 진분수의 크기비교 ←

전체를 똑같이 나누기, 전체와 부분의 크기 알기, 분수를 알기

* 이산량의 등분할 : 셀 수 있는 것, 예를 들어 사과, 사탕, 빵 등이 여러 개 있을 때 똑같이 나눈다는 의미

(1) 전체를 똑같이 나누기

분수가 무엇인지 의미를 이해하기 전에 구체물을 똑같이 나누는 등분 개념을 알 수 있도록 구성했다. 사과와 같은 사물을 똑같이 나누어 보면서 그 개념을 이해할 수 있도록 해 보자.

과자를 똑같이 두 개, 또는 네 개로 나누기	과자를 반으로 나누어 보는 것은 학생들에게 분수에 대한 개념을 쉽게 알 수 있게 해 준다. 처음에는 과자 한 개를 두 명이 똑같이 나눠 먹기 위해 '반'으로 자르고, 이어서 네 명이 똑같이 나눠 먹기 위해 '반의 반'으로 잘라 똑같이 나눈 것들이 서로 같은지 비교한다.
식빵을 똑같이 두 조각으로 나누기	사각형 모양의 식빵과 같은 구체물을 다양한 방법으로 2등분하는 것이다. 나눈 것들을 겹쳐 보거나 대어 보고 똑같이 나뉘었는지 확인하게 한다.
색종이를 똑같이 넷으로 나누기	

(2) 전체와 부분의 크기 알기

삼각형 모양의 종이를 똑같이 3으로 나누고, 나뉜 부분과 전체의 크기를 비교하게 한다. 이때 도형 두 세트를 준비하여 한 개는 자르는 데 사용하고 하나는 전체로서 비교하는 데 사용하면 효과적이다.

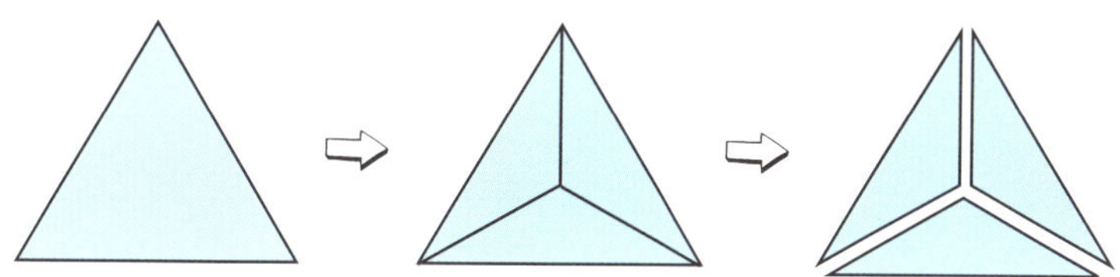

(3) 분수 알기

<table>
<tr>
<td>

분수의 정의를알고
분수를 읽고 쓰기

</td>
<td>

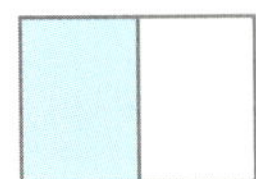

색칠한 부분은 전체를 똑같이 2로 나눈 것 중의 1이므로 이것을 $\frac{1}{2}$이라고 쓰며, 이것을 읽을 때는 '이분의 일'이라고 읽는다는 것을 알려 준다. 이 단계에서 분자, 분모 등의 용어는 지도하지 않는다.

모델, 기호, 용어 등을 서로 연관해서 알게 하며, 모델을 보면서 분수를 익히고, 그 분수를 쓰게 하고, 읽어 보게 한다.

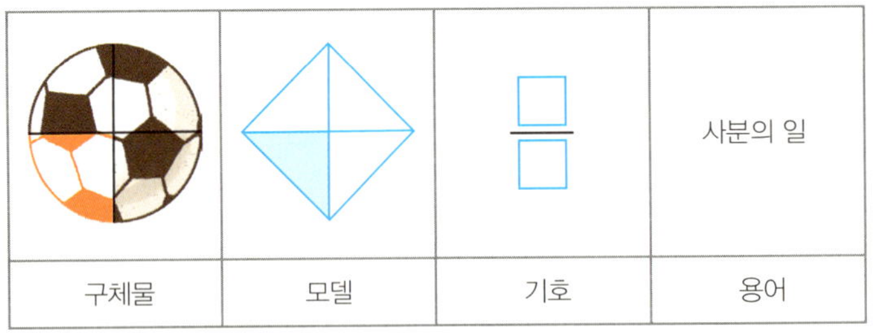

			사분의 일
구체물	모델	기호	용어

</td>
</tr>
</table>

폭을 똑같이 자르면 똑같이 나눌 수 있을까?

아래의 직사각형 모양 색종이의 폭을 똑같이 나눈 후 잘라서 조각을 포개어 보면 완전히 겹친다. 따라서 똑같이 3조각으로 나뉘었다고 말할 수 있다.

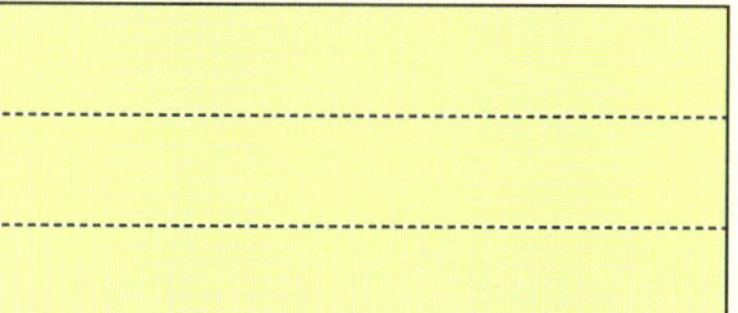 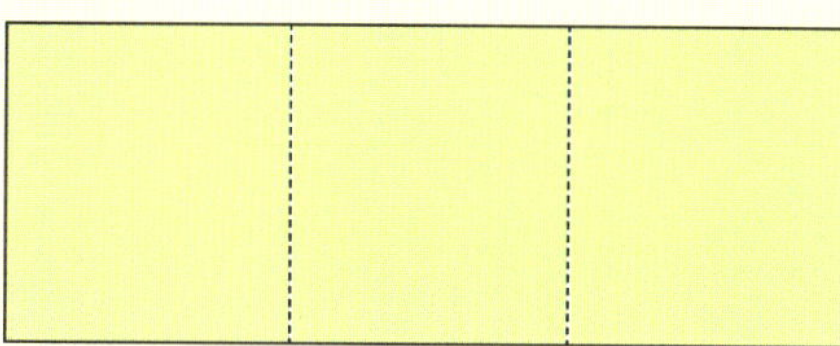

정삼각형이나 원을 똑같이 나누는 방법은 직사각형이나 정사각형을 나누는 방법과는 다르다. 무조건 폭을 같게 자른다고 똑같이 나뉘지는 않는다. 아래 정삼각형과 원은 3조각으로 나뉘기는 했지만 잘라서 조각을 포개어 보면 겹치지 않는다는 것을 알 수 있다.

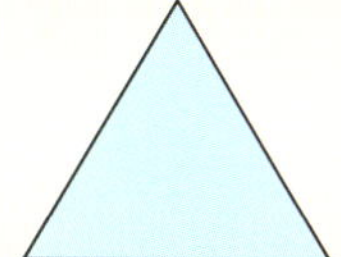 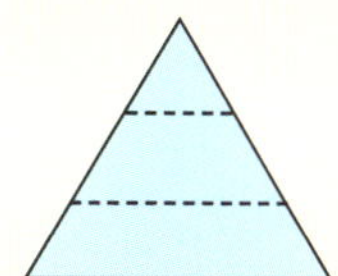 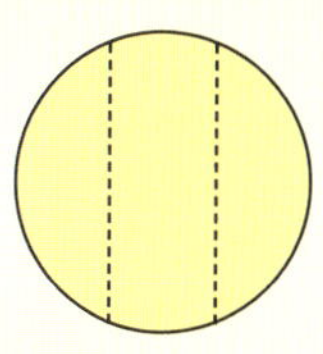 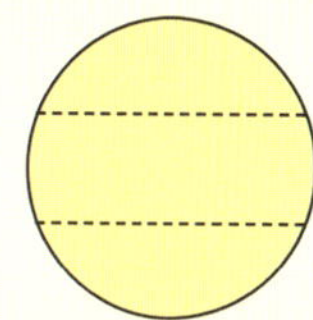

그렇다면 정삼각형과 원을 똑같이 나누는 방법은 무엇일까? 아래처럼 나누면을 똑같이 3조각으로 나눌 수 있다. 잘라서 포개어 보면 완전히 겹쳐서 똑같이 나뉘었음을 알 수 있다.

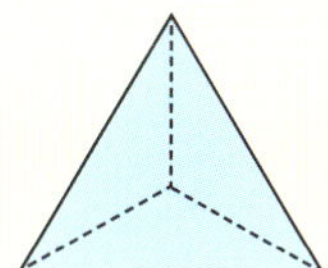 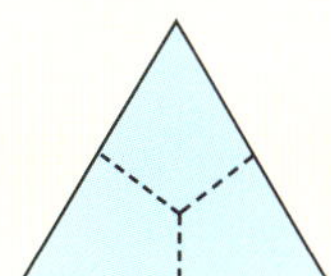 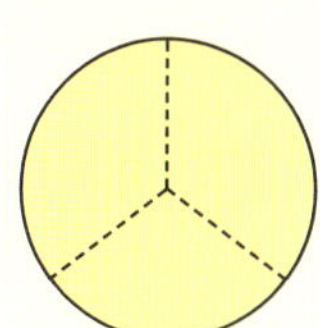

마지막으로 정삼각형과 원을 똑같이 4조각으로 나누어 보자. 어떻게 해야 할까? 정삼각형은 아래와 같이 작은 정삼각형으로 나누면 되고, 원은 '+' 모양으로 나누면 된다.

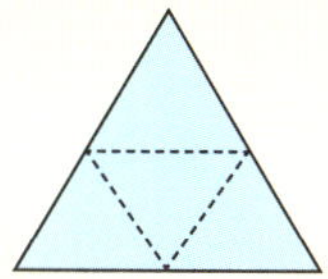 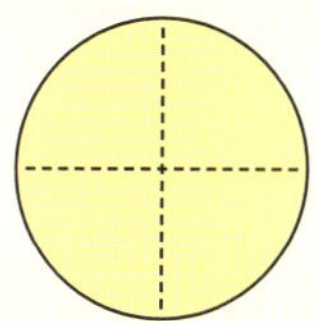

이런 방법으로 모든 도형을 똑같은 폭으로 자른다고 똑같이 나뉘는 것은 아니라는 것을 아이들이 자연스럽게 알 수 있게 해 보자.

엄마, 우리 수학 놀이 해요!

1. 과자 나누기

아이들이 분수를 배울 때 2학년에서는 사과 1개를 똑같이 나누는 것을 배우고, 이후에는 사과 여러 개를 똑같이 나누는 것을 배운다. 가능하면 두 가지를 동시에 다루는 것이 아이들의 분수 개념 형성에 도움이 되므로 이 게임을 소개한다.

만약 아이가 여러 개의 과자를 나누는 것을 어려워한다면 과자 모양을 다양한 것으로 바꾸어 보거나, 같이 나누어 먹어야 할 사람의 수를 달리해서 해 보는 것도 좋다.

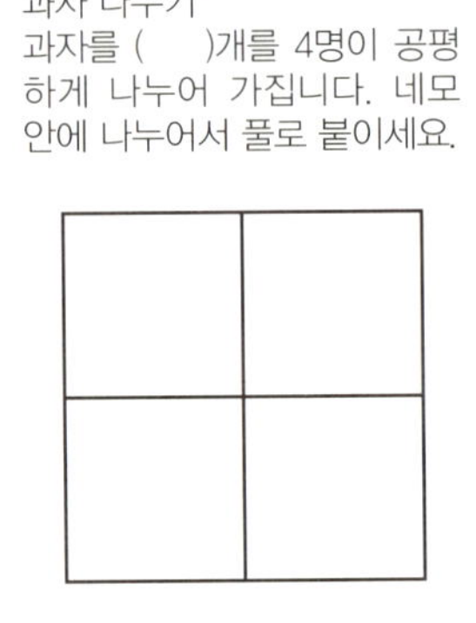

• 준비물
색종이, 컴퍼스, 활동지(오른쪽 그림 참고), 가위, 풀
(컴퍼스를 이용하여 색종이에 원을 여러 개 그려서 준비해 놓는다.)

• 놀이 방법
① 종이에 원을 하나 그려 4등분하고, 등분 중의 3부분에 음영을 준 후에 아이와 분수 표기를 확인한다. ($\frac{3}{4}$)

② 종이에 반원을 그리고 이것을 분수로 어떻게 나타내는지 아이와 확인한다. ($\frac{1}{2}$)

③ 종이에 전체 원 하나와 반원을 그리고 이것을 어떻게 나타내는지 아이에게 가르쳐 준다. 이것을 '1 + $\frac{1}{2}$ ⇨ 1 $\frac{1}{2}$'로 나타낸다는 것을 가르쳐 준다.

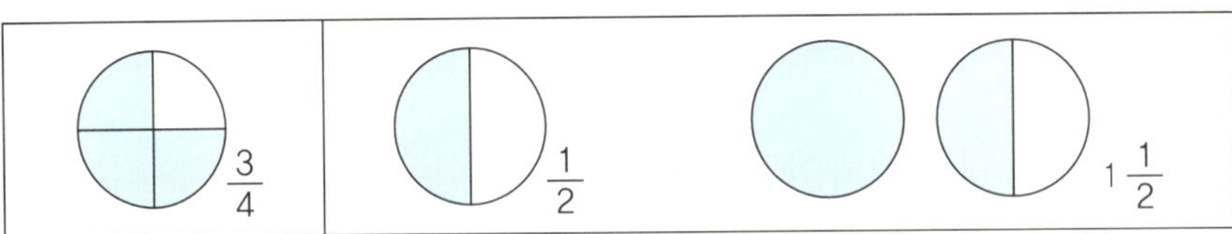

④ 동그랗게 오린 과자 모양 4개를 놓고 4명이 공평하게 먹는다면 몇 개씩 먹을 수 있겠는지 아이와 확인한다. 아이가 잘 모를 경우에는 인형 4개를 세워 놓거나 가족이 4명이라고 생각하고 과자 4개를 4명이 똑같이 먹으려면 어떻게 해야 하는지 상황을 이해시켜도 좋다.

⑤ 처음에는 6개의 과자를 나누는데, 4명에게 공평하게 나누어 줘야 한다는 것을 강조하고 과자를 가위로 잘라도 좋다고 얘기해 준다. 답을 구하기보다는 실제로 4명에게 나누어 주고 잘라 보게 하는 것이 중요하다. 과자를 4명에게 똑같이 나누어 주는 것이 더 중요한

의미가 있으니 분수 표기법에 크게 신경을 쓰지 않아도 좋다. 아이는 활동지에 다음과 같은 답을 낼 것이다. 이 외에도 다양한 답을 인정해 주고 더 간단히 할 수 있는 방법을 함께 얘기하는 것도 좋다.

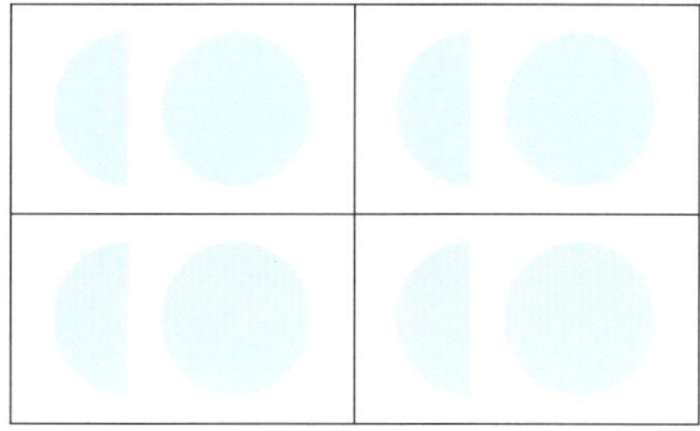

6개의 과자 나누기 예상 그림 1

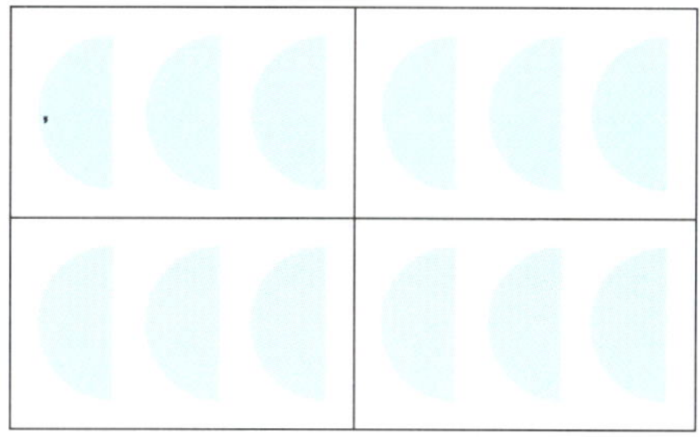

6개의 과자 나누기 예상 그림 2

⑥ 다음에 과자 5개, 3개, 2개, 1개를 나누는 문제를 풀어 보게 한다.

• 놀이할 때 유의할 점

한 개의 사물을 똑같이 나누는 것만 보아 왔기 때문에 아이가 어려워할 수 있다. 교과서에서 충분히 다루지 못한 것을 해 본다는 데 의미가 있으니, 아이가 어려워한다면 음식으로 해 보아도 좋다.

2. 분수 키트 만들기

아래와 같은 분수 키트를 만들어 아이어와 다양한 놀이를 해 보자. 분수의 다양한 개념을 공부할 수 있는 놀이로, 분수의 크기도 비교할 수 있고 크기가 같은 분수도 만들 수 있다. 분수의 덧셈과 뺄셈도 할 수 있다.

1 전체															
$\frac{1}{2}$								$\frac{1}{2}$							
$\frac{1}{4}$				$\frac{1}{4}$				$\frac{1}{4}$				$\frac{1}{4}$			
$\frac{1}{8}$		$\frac{1}{8}$		$\frac{1}{8}$		$\frac{1}{8}$		$\frac{1}{8}$		$\frac{1}{8}$		$\frac{1}{8}$		$\frac{1}{8}$	
$\frac{1}{16}$	$\frac{1}{16}$	$\frac{1}{16}$	$\frac{1}{16}$	$\frac{1}{16}$	$\frac{1}{16}$	$\frac{1}{16}$	$\frac{1}{16}$	$\frac{1}{16}$	$\frac{1}{16}$	$\frac{1}{16}$	$\frac{1}{16}$	$\frac{1}{16}$	$\frac{1}{16}$	$\frac{1}{16}$	$\frac{1}{16}$

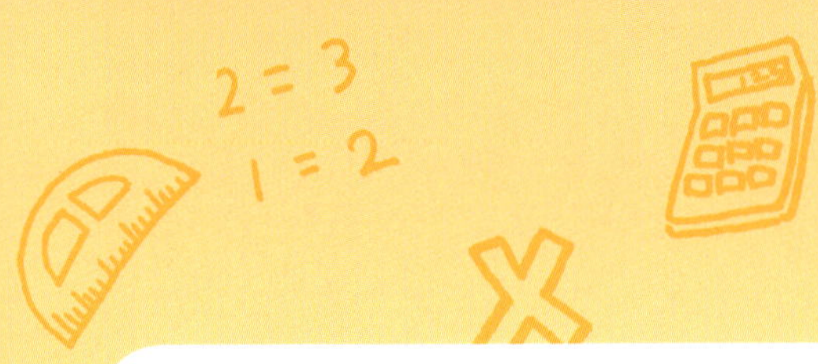

• 준비물

다섯 가지 색깔의 색지, 가위, 사인펜, 서류 봉투

• 만드는 방법

① 다섯 가지 색깔의 색지를 같은 크기로 가로가 길게 잘라 놓는다.

② 다섯 가지 색깔 중 하나(예를 들어, 갈색)를 골라서 이것을 앞으로 '카스텔라'(혹은 아이와 의논해서 다른 종류의 음식이라고 해도 좋다.)라고 생각하고 한다. 이것이 전체가 되며 그 색지 위에 사인펜으로 '1'이라고 쓴다.

③ 또 다른 종이(예를 들어, 노란색)를 골라서 반으로 자른다. 전체의 반은 무엇이라고 써야 할지 아이와 의논한 다음에 사인펜으로 각각의 종이에 $\frac{1}{2}$ 이라고 쓴다.

④ 또 다른 종이(아마도 파란색)를 반으로 자르고 그것들을 다시 반으로 자른 다음 각각의 종이에 $\frac{1}{4}$ 이라고 쓴다.

$\frac{1}{4}$	$\frac{1}{4}$	$\frac{1}{4}$	$\frac{1}{4}$

⑤ 같은 방법으로 $\frac{1}{8}$ 은 $\frac{1}{4}$ 조각의 반으로, $\frac{1}{16}$ 은 $\frac{1}{8}$ 조각의 반으로 만들고, 사인펜으로 각각의 조각에 $\frac{1}{8}$ 과 $\frac{1}{16}$ 이라고 쓴다.

• 놀이 방법

① 아이와 식탁의자에 앉거나 바닥에 담요를 깔고 앉는다.

② 분수 키트를 만들면서 알게 된 점이나 느낀 점을 아이에게 묻는다.

③ 분수 키트를 보면서 길이가 같은 것을 찾아본다. 예를 들어, $\frac{3}{4}$ 과 $\frac{6}{8}$ 이 같다는 것을 알아낸다. 그 밖에도 다양하게 찾아볼 수 있게 한다.

④ 1을 만들기 위해서 각각의 조각을 1(전체)에 대어 보고 어떻게 하면 1을 만들 수 있을지 각각의 조각을 배열해 본다. 그 밖에 다른 방법은 없는지 찾아본다.

⑤ 이외에도 아이들이 더 알아내 보게 하고, 엄마와 함께 확인한다.

분수놀이

로렌 리디의 『분수놀이』(미래아이)는 하마 선생님의 자상하고 재미있는 수업 속에서 자연스럽게 분수를 익히게 하는 책이다. 생활에서 쓰이는 분수도 공부할 수 있다.

$\frac{1}{2}$ 부터 $\frac{1}{5}$ 까지의 분수 개념을 먼저 익힌 다음 우리 생활 속에 있는 분수를 찾아내게 한다.

먼저 전체와 부분의 개념을 배운다. 동그라미를 반으로 나누면 각각은 $\frac{1}{2}$ 이 되며 또 셋으로 나누면 $\frac{1}{3}$ 이 되고, 넷으로 나누면 $\frac{1}{4}$ 이 되는 것을 그림으로 잘 나타내 준다. 게다가 각각의 분수를 생활 속에서 찾아보라는 선생님의 말에 분수 $\frac{1}{2}$ 은 '반으로 나뉜 샌드위치'나 '반만큼 채워진 저금통'이며, $\frac{1}{4}$ 은 '네 잎 클로버'나 '네 조각으로 자른 피자'로 등장한다.

그리고 $\frac{1}{2}$, $\frac{1}{3}$, $\frac{1}{4}$ 의 크기를 비교해 보기도 하고 1개가 아닌 묶음을 분수로 나누는 법이라든가 실생활에서 분수가 어떻게 쓰이는지를 잘 보여 준다.

02

덧셈과 뺄셈, 원리를 알면 금방 늘어요

연산

1. 가르기와 모으기

 **엄마의 목표** : 가르기와 모으기의 의미를 파악하고, 아이가 1학년 때 배우는 기본 셈이 후속 학습에 어떻게 이용되는지 살펴 지도할 수 있다.

 **우리 아이 교과 단원**
1학년 1학기 4. 더하기와 빼기
1학년 2학기 3. 10을 가르기와 모으기
               4. 덧셈과 뺄셈

초등학교 저학년 학부모들이 아이의 수학 공부에서 가장 신경 쓰는 부분이 연산이다. 학교에서 덧셈과 뺄셈을 가르치려고 하면 아이들은 이미 다 알고 있어 재미없어한다. 아이들이 덧셈과 뺄셈을 안다고 하는 것은 아마도 덧셈과 뺄셈의 답을 구할 수 있다는 의미일 것이다. 하지만 아이들이 덧셈과 뺄셈에서 배워야 할 것은 계산만이 아니다. 아이들은 생활 속에서 덧셈과 뺄셈이 사용되는 상황과 덧셈과 뺄셈이 나타내는 의미, 그리고 기호를 써서 수식으로 표현하는 방법을 배운다.

1. 엄마가 먼저 챙겨야 할 수학 상식

(1) 덧셈

덧셈은 생활에서 크게 나누어 두 가지 상황에서 일어난다. 하나는 분리되어 있는 양(이산량 : 셀 수 있는 양. 예를 들어, 사과 1개, 2개)의 덧셈이고, 또 하나는 연속성이 있는 양(연속량 : 길이, 넓이, 무게와 같은 양)의 덧셈이다. 또한 덧셈을 상황이 아닌 의미적 관점에서 보면 아래와 같이 두 가지 의미가 있다.

첫째, 원래의 양에 새로운 양을 더하여 늘어나는 상황으로서 첨가의 의미가 있다. 예를 들어, 내 필통에 연필이 3자루 있는데, 엄마가 연필을 4자루 더 사 주었을 경우, 내가 가진 연필은 3+4=7, 7자루가 된다.

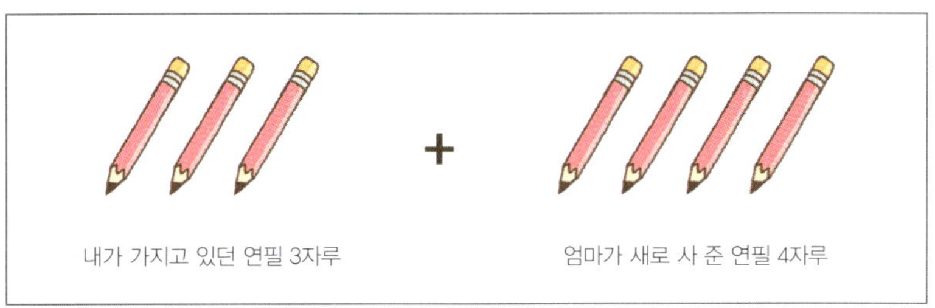

둘째, 한쪽의 양과 다른 쪽의 양을 합쳐 주는 상황으로서 합병의 의미가 있다. 예를 들어, 왼쪽 주머니에는 구슬이 3개, 오른쪽 주머니에는 구슬이 4개 있을 경우, 내가 가진 구슬의 양은 3+4=7, 7개가 된다.

(2) 뺄셈

뺄셈은 변화와 차이를 비교하는 상황으로, 덧셈과 마찬가지로 다음과 같이 두 가지 의미가 있다.

첫째, 처음에 있던 양에서 얼마의 양이 없어진 상황으로, 이런 상황을 덜어내기 상황이라고 한다. 남아 있는 양을 구해야 한다. 예를 들어, 8개의 사과 중에서 5개를 먹은 경우 8-5=3이고, 3개가 남는다.

　둘째, 두 양을 비교하여 그 차이를 알아보는 상황으로, 이런 상황을 비교하기 상황이라고 한다. 예를 들어 내가 가지고 있는 사과가 8개이고, 동생이 가진 사과가 5개인 경우, 내가 가진 사과의 개수와 동생이 가진 사과의 개수를 비교하여 누가 몇 개를 더 많이 가졌는지를 알아보는 것이다. 이 경우, 8-5=3이고, 내가 동생보다 3개를 더 많이 가지고 있다.

(3) 가르기와 모으기

　가르기와 모으기는 아이들이 덧셈과 뺄셈을 수식으로 학습하기 전에 자연스럽게 접하는 더하고 빼는 상황을 말한다. 주어진 양을 두 부분 또는 그 이상의 부분으로 분리해 보는 것을 '가르기'라 하고, 두 부분 이상의 양을 하나로 합치는 것을 '모으기'라 한다. 아이들은 가르기와 모으기를 통해 더하거나 빼는 상황을 덧셈식과 뺄셈식으로 전환하는 추상화 과정을 자연스럽게 익히게 된다.

(4) 세어 올라가기와 세어 내려가기
　아이들이 덧셈과 뺄셈을 하는 방법 가운데 하나로, 두 양의 합을 구하거나 두 양의 차를 구할 때 사용하는 것이다. 예를 들어 4개의 구슬에 3개의 구슬을 더하는 상황에서 아이들은 4개의 구슬을 '4'라고 세고, '5, 6, 7'이라고 세어 올라가는 방법으로 4+3=7임을 알아낸다. 또한 7개의 구슬 중 3개의 구슬을 친구에게 주는 뺄셈 상황에서는 7부터 세 번 내려 세기를 통해, '6, 5, 4'라고 하여 7-3=4임을 알아낸다.

(5) 문장제

문제 상황을 수식이 아닌 문장의 형태로 제시한 문제를 의미한다.

2. 우리 아이 교과서 엿보기

1학년에서 아이들이 처음 접하는 덧셈과 뺄셈 상황은 가르기와 모으기이다. 아이들은 덧셈과 뺄셈을 배우기 전에 가르기와 모으기를 통해 자연스럽게 더하는 상황과 빼는 상황을 경험하게 된다. 가르기와 모으기를 한 후 덧셈과 뺄셈의 기호를 배우고, 상황을 식으로 표현하고, 식을 읽는 방법을 배운다. 덧셈식과 뺄셈식을 배운 아이들은 2학기에 들어가면 합이 10이 되는 덧셈과 10-( )인 뺄셈식을 통해 10에 대한 보수를 학습하고, 덧셈과 뺄셈의 관계를 탐구하는 학습을 하게 된다. 마지막으로 받아올림과 받아내림이 없는 두 자리 수 덧셈과 뺄셈을 배운다.

(1) 가르기와 모으기

아이들은 덧셈과 뺄셈이라는 용어를 배우기 전에 가르기와 모으기를 통해 자연스럽게 덧셈과 뺄셈 상황을 접하게 된다. 교과서에는 하나의 상황으로만 가르기를 제시하지만 집에서는 다양한 상황으로 지도할 필요가 있다. 예를 들어 6이라는 수를 가를 때, 1과 5, 2와 4, 3과 3으로 가를 수 있다는 것을 실생활에서 경험하도록 지도하면 효과적이다.

(2) 기호를 이용한 학습

교과서의 구성을 보면 아이들이 처음으로 덧셈과 뺄셈의 기호를 접할 때 구체물로 시작하여, 반구체물, 수식을 이용하는 것으로 발전해 나감을 볼 수 있다. 아이들에게 좀 더 친숙한 소재에서 시작하여 익숙하지 않은 수식으로 나아가는 것이다. 또한 앞서 설명한 더하는 상황(첨가)과 합하는 상황(합병)을 고루 경험하고 사고할 수 있게 해 놓았다.

	구체물		4+2 4 더하기 2
첨가	반구체물	●●●●●●	4+2 4 더하기 2
합병	구체물		5+3 5 더하기 3
	반구체물	★★★★★ ★★★	5+3 5 더하기 3

(3) 기본 셈을 위한 10의 보수 학습하기

1학년 2학기에는 덧셈과 뺄셈을 하기 전에 10을 이용한 가르기와 모으기를 배운다. 아이들은 더해서 10이 되는 덧셈식을 이용하여 10의 보수 관계를 직관적으로 알아보게 되고, 10에서 빼기를 하여 뺄셈식을 알아보게 된다. 아이들은 이러한 활동을 통해 덧셈과 뺄셈의 관계를 알게 되고 받아올림과 받아내림의 기초를 다진다.

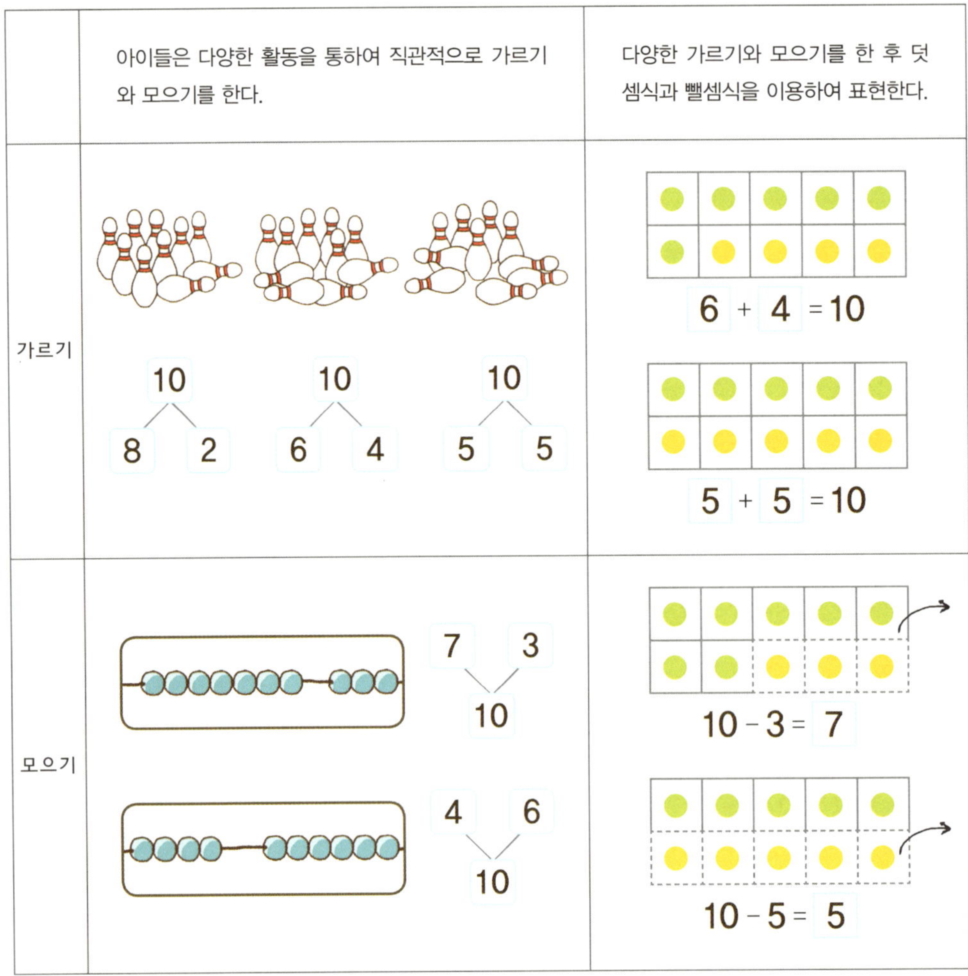

　　10보다 작은 수의 가르기와 모으기에서와 마찬가지로, 10의 보수를 학습하는 과정에서도 10을 두 수 이상의 작은 수들로 가르고 10보다 작은 여러 수를 모아 10이 되게 하는 학습을 한다.

(4) 두 자리 수의 덧셈과 뺄셈

1학년 2학기에는 아이들이 지금까지 배운 0과 100까지의 자연수, 10을 가르기와 모으기, 10이 되는 더하기, 10에서 빼기 등을 기초로 받아올림과 받아내림이 없는 두 자리 수 덧셈과 뺄셈을 배우게 된다. 아이들이 구체물과 반구체물을 이용하여 학습하면서 덧셈과 뺄셈의 계산 원리를 이해하고 이것을 형식화하는 단계이다.

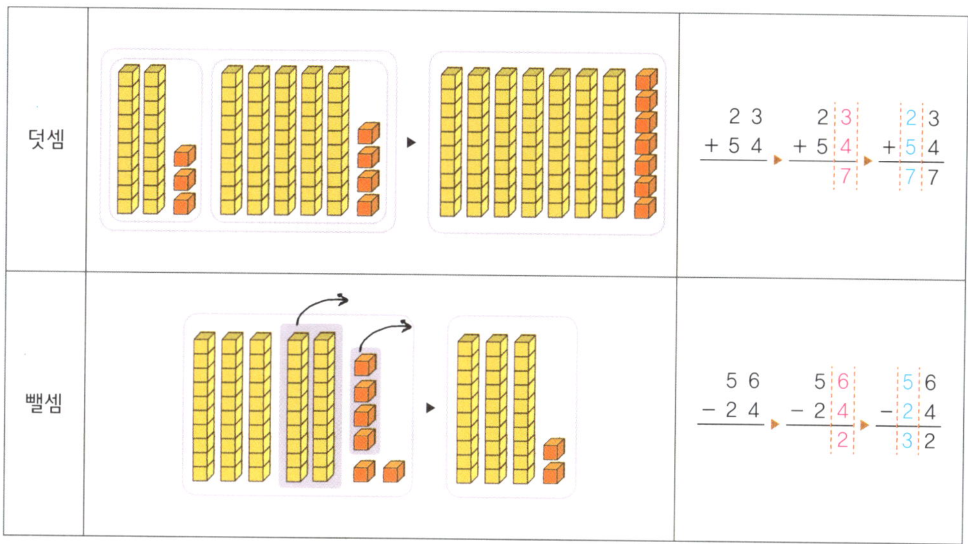

아이들은 이 단계에서 처음으로 덧셈과 뺄셈을 형식적인 단계까지 학습하게 된다. 지금까지 직관적으로 가르기와 모으기, 그리고 10의 보수를 통해 학습하던 아이들이 이 단계를 학습하면서 어려움을 겪는 경우가 많다. 아이들이 구체물을 활용하여 그 것을 수식이라는 형식적인 방법으로 표현할 수 있도록 해야 한다.

(5) 덧셈식과 뺄셈식의 관계

아이들은 덧셈식과 뺄셈식을 형식화된 연산 형식으로 학습하기 시작하면서 점차 덧셈과 뺄셈의 의미를 생각하지 못하게 된다. 이때 학부모는 덧셈식과 뺄셈식이 아무 의미 없는 수의 표현이 아니라 의미가 있는 표현이라는 사실을 강조하고, 아이들이 수식의 의미를 생각하고 말할 수 있도록 지도해야 한다. 덧셈과 뺄셈의 관계는 반드시 상황 속에서 의미를 이해하게 해야 한다.

덧셈식을 보고 뺄셈식으로 표현하기	소 16마리의 그림을 보고	황소의 수 구하기 16 − 7 = 9 젖소의 수 구하기 16 − 9 = 7
뺄셈식을 보고 덧셈식으로 나타내기	12명의 학생 중 6명이 운동장으로 나가 교실에 6명의 학생이 남아 있는 상황	처음에 교실에 있던 학생의 수 구하기 6 + 6 = 12

우리 아이 오답 이유, 여기 있었네!

1. 가르기와 모으기

아이들이 7로 가르기와 모으기를 한다고 해 보자. 아이들은 다양한 방법으로 수를 갈라 볼 것이다. 이때 아이들의 오답 가운데 하나는 2와 5로 올바르게 가르기를 한 후에도 다시 3과 5로, 4와 5로 수 하나만 바꾸어 가르기를 하는 것이다. 이는 아이들이 의미를 생각지 않고 수만 보고 가르기와 모으기를 하기 때문이다. 이럴 때는 생활에서 볼 수 있는 물건을 이용하여 7개의 물건을 두고, 전체의 개수인 7은 변하지 않는 상태에서 두 부분으로 다양한 가르기를 해 보게 한다.

2. 세어 올라가기와 세어 내려가기

아이들은 기본 덧셈과 뺄셈을 할 때 자신이 알고 있는 경험을 바탕으로 세어 올라가기와 세어 내려가기를 한다. 손가락을 사용하여 덧셈과 뺄셈을 하기도 한다. 예를 들어 3+4를 계산할 때 3개를 센 후, '4, 5, 6, 7'과 같이 네 번을 세어 올라가기를 해야 하는데 3부터 세는 아이는 '3, 4, 5, 6'이라고 말한다. 아이들이 덧셈과 뺄셈을 할 때 하나(1) 많은 답을 구하거나 하나(1) 적은 답을 구한 경우 아이에게 "어떻게 구했는지 설명해 줄 수 있니?"라고 물어보면서 세어 올라가기와 세어 내려가기에서 실수하지 않나 확인해 보아야 한다. 만약 아이가 그런 실수를 한다면 실제로 물건 3개에 물건 4개를 더하는 상황을 보여 주며, 3이 아닌 4부터 네 번을 세어야 한다는 것을 익히게 한다.

3. 수식 표현

초등학교 아이들의 학습은 실제로 만질 수 있는 물건을 놓고 원리와 개념을 탐구하는 방법이 유용하다. 그 전에 수식을 먼저 가르친다면 아이들이 어려워할 수밖에 없다. 아이의 사고뿐 아니라 수학 학습과 문제 해결에 나쁜 영향을 줄 수 있다는 연구가 많다. 아이들이 이해할 수 없는 기호로 수학을 접하게 되면서 논리적으로나 창의적으로 사고할 수 없게 된다고 한다.

기본적인 덧셈과 뺄셈을 할 때도 식의 의미를 생각하지 않고 기계적으로 암기해서 되뇌는 것을 잘했다고 칭찬한다면 아이는 앞으로도 계속 그렇게 사고하지 않는 수학 학습을 하게 된다.

계산 값이 맞은 경우에도 "왜 이렇게 되는지 설명해 줄 수 있니?" 또는 "왜 틀린 답이 나왔는지 다시 한 번 생각해 볼까?"와 같은 질문을 통해 아이들이 수식을 무의미한 수의 나열이 아니라 의미가 있는 표현으로 생각하게 해야 한다.

따라서 수식으로 표현하기 어려워하는 아이에게는 실제로 만질 수 있는 물건을 통해 좀 더 많은 탐구 활동을 경험하게 하고, 물건으로 나타낸 상황을 수식으로 표현할 수 있도록 지도해야 한다.

$$3 \text{개} \quad + \quad 4 \text{개} \quad = \quad 7 \text{개}$$

4. 큰 수 셈하기

대부분의 아이들이 큰 수에 대해 막연한 두려움을 느낀다. 하지만 수가 커져서 셈을 어려워하는 것인지 아니면 큰 수에 대한 막연한 두려움이 있는 것인지 알아볼 필요가 있다. 아이들은 1학년 때 100까지의 수를 배우게 된다. 즉, 두 자리 수를 배우는데 이때 자릿값은 공부하지 않고 수 계열을 통해 두 자리 수를 학습한다. 하지만 두 자리 수의 덧셈에서는 수 계열이 아닌 자릿값을 알아야 한다. 결국 아이들은 자릿값을 제대로 이해하지 못한 채 두 자리 수 덧셈을 공부하게 되는 셈이어서 두 자리 수의 덧셈과 뺄셈을 어려워할 수밖에 없다.

두 자리 수 덧셈과 뺄셈을 어려워하는 아이에게는 먼저 두 자리 수 학습이 필요하다. 10이라는 수는 1이 10개가 모여야 만들어지며 십의 자리에 있는 숫자는 10 묶음의 개수라는 것을 아이들이 제대로 이해해야 한다.

5. 덧셈식과 뺄셈식의 관계

아이들이 덧셈식을 보고 뺄셈식을 찾아내고 뺄셈식을 보고 덧셈식을 찾아내기는 수식으로만 공부해서는 어렵다. 특히 5+4=9라는 식에서 뺄셈식을 찾을 때 5−9라든가 4−9라고 하는 경우가 있다. 이는 앞에서와 마찬가지로 수식으로만 공부해서 생기는 잘못이다.

구체물이나 반구체물을 놓고 덧셈식과 뺄셈식을 공부하면 이러한 혼란을 줄일 수 있다. 구체물과 반구체물을 놓고 덧셈식과 뺄셈식을 같이 적어 보게 함으로써 부분의 합이 전체이고 전체는 부분으로 나뉠 수 있음을 알게 해 주는 것이 바람직하다.

$$4 \text{개} \quad + \quad 5 \text{개} \quad = \quad 9 \text{개}$$

$$9 - 4 = 5$$
$$9 - 5 = 4$$

엄마, 우리 수학 놀이 해요!

　　집에는 아이들이 수학 학습에 이용할 수 있는 여러 가지 구체물과 반구체물이 있다. 아이들이 유아 때 가지고 놀던 블록이라든가 바둑알 등은 기본 셈을 공부하는 데 멋진 수 모형이 될 수 있다. 수식으로만 하는 수학 학습이 아니라 사고하면서 배우는 수학 학습에 필요한 좋은 재료들이다.

1. 블록을 이용한 가르기와 모으기

　　아이들이 좋아하는 블록은 수 가르기와 모으기에도 좋은 교구가 될 수 있다.

• 준비물
연결할 수 있는 블록 여러 개

• 놀이 방법
① 연결할 수 있는 블록 9개를 이용하여 다양한 모양을 만들어 본다.

② 만든 모양을 설명하고 다시 블록을 해체한 후에 다른 모양을 만든다. (예 : "이 모양을 9개로 만들었네.")

③ 아이가 만든 모양을 설명한 후(예 : "￼이건 교회야.") 엄마는 그 모양을 두 부분(￼)으로 나눈다.

④ 두 부분에 각각 사용된 블록의 개수를 아이한테 세어 보게 한다.

⑤ 9개의 블록이 몇 개씩 사용되었는지 식으로 나타내 본다.(5+4)

⑥ 부분을 나누는 데 따라 몇 가지 식이 가능한지 적어 본다.(1+8, 2+7, 6+3 등)

• 놀이의 변형
① 연결할 수 있는 블록의 개수를 5, 6, 7, 8개로도 해 본다.

② 각각의 경우에 가능한 식을 적어 보고, 가장 많은 식이 나오는 경우는 어떤 경우인지 알아본다.

• 놀이 속의 수학
　　친숙한 놀이 도구인 블록을 이용하면 아이들을 자연스럽게 학습 분위기로 이끌 수 있다. 아이는 블록으로 다양한 모양을 만들어 보고 그것을 두 부분으로 나누었을 때 몇 개의 블록이 사용되는지 알 수 있다. 이때 두 부분을 어떻게 나누느냐에 따라 각 부분의 수는 달라지지만 총 사용 개수는 변함이 없음을 알게 된다.

　　또한 아이들은 3+6=9와 6+3=9가 같다는 것을 경험하게 되고, 이를 통해 덧셈은 순서가 바뀌어도 그 값이 변하지 않음을 자연스럽게 알 수 있다.

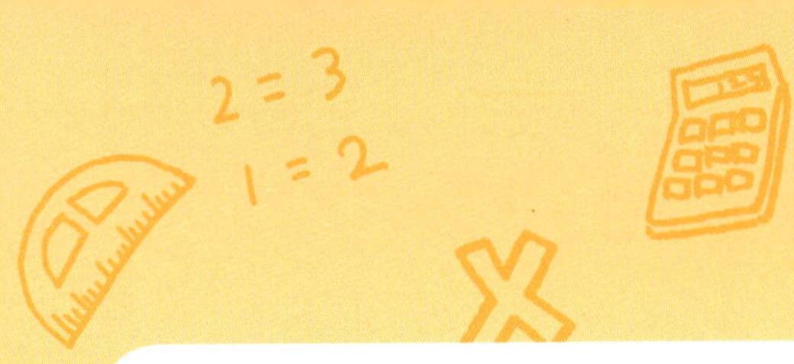

2. 바둑알을 이용한 가르기와 모으기

집에서 손쉽게 구할 수 있는 것 중에 학습에 이용할 수 있는 좋은 소재로 바둑알이 있다. 아래의 놀이로는 가르기와 모으기뿐만 아니라 10의 보수도 학습할 수 있다. 바둑알이 없을 경우에는 구슬이나 단추, 콩 등을 이용할 수 있다.

• 준비물
바둑알 20여 개

• 놀이 방법
① 엄마가 8개의 바둑알을 손에 쥐고, 손에 8개의 바둑알이 있음을 아이에게 확인하게 한다.

② 엄마는 손을 등 뒤로 하고 8개의 바둑알을 두 손에 나누어 잡는다.

③ 아이에게 한 손에 쥔 바둑알을 보여 주고, 다른 손에 있는 바둑알의 수를 맞히라고 한다.

④ 아이의 대답을 듣고, 나머지 손을 펴 아이가 말한 답이 맞는지 확인해 본다.

⑤ 확인한 결과를 아이가 덧셈식과 뺄셈식으로 표현해 보게 한다.

⑥ 이 놀이를 여러 번 반복한 후 역할을 바꾸어 맞혀 본다.

• 놀이의 변형
손에 쥔 바둑알의 개수를 10개로 하면 10의 보수를 학습할 수 있다.

• 놀이 속의 수학

덧셈과 뺄셈의 관계

이 놀이는 처음의 바둑알 개수를 알고 나중에 한 손에서 확인한 개수를 토대로 다른 손의 바둑알 개수를 확인해 보는 것이다. 만약 바둑알 8개를 가지고 시작해서 한 손에 쥔 것이 3개일 때 식으로 표현하면, $3+\square=8$이 된다. 하지만 아이들의 머릿속에서는 $8-3=\square$라는 사고를 하게 된다. 하지만 아이들이 식으로 쓰게 되는 것은 $3+5=8$이다. 이때 엄마는 아이에게 '5'라는 답을 어떻게 구했는지 물어 아이가 $8-3=5$의 사고 과정을 말할 수 있도록 유도하고, 뺄셈식도 적을 수 있도록 지도하면 아이는 자연스럽게 덧셈과 뺄셈의 관계를 알게 된다.

수의 보존 개념

이 놀이는 바둑알의 총합은 변하지 않는다는 수의 보존 개념을 이용한 놀이이다. 아이가 총 개수가 변함 없다는 것을 알고, 사라진(다른 손에 쥔) 개수를 알아보는 것이다. 수의 보존 개념은 초등학교에 들어가기 전부터 형성되는 개념인데, 만약에 아이가 이 놀이를 어려워하는 경우는 아이의 수 보존 개념이 아직 덜 형성되었음을 말해 준다.

3. 주사위 놀이

주사위는 우리 주변에게 가장 손쉽게 사용할 수 있는 교구이다. 여러 게임을 할 때 사용하고, 학습에도 다양하게 이용할 수 있으므로 집에 주사위를 마련해 놓으면 좋다.

• 준비물
주사위 2개

• 놀이 방법
① 주사위를 아이와 엄마가 하나씩 나누어 갖는다.
② 둘이 동시에 주사위를 던져 나온 수를 기록한다. 이때 11, 12가 나온 경우는 10으로 생각한다.
③ 만약 두 개의 주사위를 던져 나온 수의 합이 8이라고 하자.
④ 엄마가 먼저 자신이 갖고 있는 주사위를 던진다. 던진 주사위의 수가 3이라면, 합이 8이 되기 위해서는 엄마가 두 번째 주사위를 던져 5가 나와야 하고, 그러면 1점을 획득한다.
⑤ 점수를 얻으면 계속할 수 있지만 점수를 얻지 못하면 기회는 아이에게 돌아간다.
⑥ 이와 같은 방법으로 5점을 먼저 얻는 사람이 이긴다.

• 놀이 속의 수학

세어 올라가기

8을 만들기 위해 5에 몇이 더 있어야 하는지 아이가 다양한 방법을 생각해 낼 수 있다. 대표적인 방법은 세어 올라가기이다. 5에서 6, 7, 8. 세 번 올라가야 하므로 3이 필요함을 알 수 있다.

세어 내려가기

8에서부터 세어 내려가기로도 구할 수 있다. 8에서 7, 6, 5. 세 번 내려와야 하므로 3이 필요함을 알 수 있다.

4. 카드를 이용한 놀이

• 준비물
1~10까지 점이 찍힌 카드 2벌

• 놀이 방법
① 1부터 10까지 점이 찍힌 카드 2벌을 준비한다. 1벌은 엄마, 1벌은 아이가 갖는다.

② 엄마가 가진 1벌의 카드를 잘 섞어 뒤집어 놓는다.

③ 2장의 카드를 뽑아 아래와 같이 작은 수는 ①번 자리에 놓고, 큰 수는 ③번 자리에 놓는다.

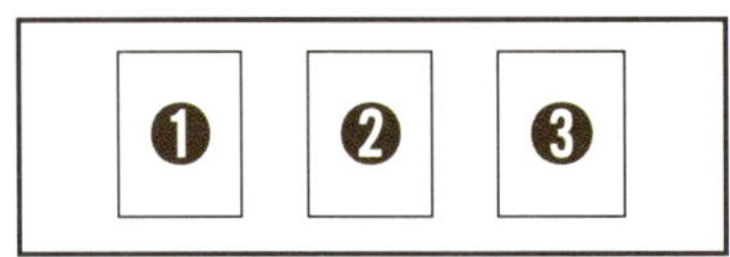

예를 들어 4와 6을 뽑은 경우 $4 + ? = 6$ 이렇게 놓는다.

④ 아이는 ?에 들어갈 카드를 자신의 카드 더미에서 내려놓고 식을 써 본다.

⑤ 역할을 바꾸어 여러 번 해 본다.

• 놀이의 변형
① 이 놀이를 한 후 다음과 같이 종이에 칸을 만든다.

② 엄마는 자신의 카드 더미에서 3장의 카드를 꺼내어 ①, ②, ③번 자리에 놓는다. 예를 들어 3, 4, 6을 뽑은 경우, 아래와 같이 식이 완성될 수 있도록 놓는다.

$3 + 6 = 4 + ?$

③ 아이는 자신의 카드 더미에서 ?에 들어갈 카드를 선택하여 내려놓고 식을 완성한다.

• 놀이 속의 수학
이 카드 놀이에서는 아이들에게 기호의 개념을 지도할 수 있다. 특히 교육과정에서 등식을 학습하지는 않지만 아이는 이 놀이를 통해 '= (등호)'의 의미를 알 수 있다.

5. 달력을 이용한 놀이

가르기와 모으기는 기본 셈의 기초가 된다. 가르기와 모으기에서 10이 되게 하는 것으로 10의 보수를 학습할 수 있다. 10의 보수를 학습하는 것은 받아내림과 받아올림의 기초가 된다. 이와 같은 기본 셈은 우리 생활 속에서 많이 등장한다. 아이와 함께 생활 속에서 가르기와 모으기, 기본 셈, 10의 보수를 활용하는 경우를 살펴보자.

• 세어 올라가기

달력은 생활 도구이면서 아이에게 좋은 학습 교구가 될 수 있다. 월초에 아이와 함께 학교의 행사라든가 가족의 행사 또는 특별한 기념일을 달력에 표시해 보자. 아이와 함께 정해진 날까지 며칠이 남았는지 함께 세어 보자. 이는 세어 올라가기이다.

• 오늘의 식 만들기

달력에서 오늘의 날짜를 나타내는 덧셈식과 뺄셈식을 만들어 보자. 예를 들어 오늘이 5일인 경우 '2+3'이라든가, '7−2'와 같은 식을 만들어 기록해 보는 것이다. 숫자가 커질 경우 받아내림과 받아내림이 없는 식을 만들어 본다. 17일인 경우 '13+4' 또는 '19−2'와 같은 식을 만드는 것이다.

• 나이를 이용해 보기

아이와 함께 가족과 친척의 나이를 알아보자. 대부분의 1학년 아이들은 만 7세일 것이다. 나이를 이용해 덧셈과 뺄셈을 해 보면 아이는 어려운 수학이 아닌, 현실에서 사용되는 의미 있는 활동으로 받아들일 것이다.

• 아이를 위한 칭찬 스티커

정해진 수의 칭찬 스티커를 모으면 아이에게 보상해 준다. 아이는 보상을 받기 위해 더욱 노력하는 모습을 보인다. 아이의 칭찬 기록장을 보며 앞으로 몇 장의 스티커를 모아야 하는지 물어 보자. 만약 30장을 더 모아야 하는 기록장에 16장이 붙어 있다면 아이는 받아내림이 있는 뺄셈인데두 세어 내려오기를 써서 몇 장의 스티커를 더 모아야 하는지 기특하게 알아낼 것이다.

2. 받아올림과 받아내림

초등학교 1학년 학생들이 하는, 받아올림과 받아내림이 없는 덧셈과 뺄셈은 기본 셈을 바탕으로 한다. 기본 셈에서는 학생들이 세어 올라가기, 세어 내려가기 등으로 10의 보수 관계를 이용하여 직관적으로 덧셈과 뺄셈을 하게 된다.

하지만 받아올림과 받아내림이 있는 덧셈과 뺄셈은 기본 셈으로 해결하기 어렵다. 특히 받아올림과 내림은 기본적으로 자릿값의 개념과 연관되며, 10의 보수 관계를 이용해 문제를 해결해야 한다.

이때 아이가 덧셈과 뺄셈에 어려움을 느끼면 수학을 싫어하게 될지도 모른다. 따라서 이 단원에서는 받아올림과 받아내림의 개념, 덧셈과 뺄셈을 하는 여러 가지 방법을 알아보고, 아이들이 효율적인 연산 형식을 선택할 수 있도록 하자.

1. 엄마가 먼저 챙겨야 할 수학 상식

(1) 받아올림과 받아내림

받아올림은 어떤 자릿값에서 해당되는 값이 10이 되어 그것을 자릿값이 하나 더 큰 자리로 올려 주는 것을 의미한다. 학생들은 10씩 묶는다는 익숙하지 않은 방법을 개념화해야만 받아올림을 터득할 수 있다. 받아내림은 뺄셈 연산 때 그 자리에서 기본셈으로 뺄셈이 불가능한 경우, 더 큰 자리에서 값을 가져와 뺄셈하는 것을 의미한다.

<table>
<tr><td>

$$\begin{array}{cc} \overset{1}{} & \\ 2 & 6 \\ + & 8 \\ \hline 3 & 4 \end{array}$$

</td><td>

왼쪽의 덧셈 과정에서 일의 자리 6과 8을 더하여 14가 된 경우, 십의 자리 '1'은 십의 자리로 받아올림

</td><td>

$$\begin{array}{cc} 1 & 10 \\ \not{2} & 6 \\ - & 8 \\ \hline 1 & 8 \end{array}$$

</td><td>

왼쪽의 뺄셈 과정에서 일의 자리 6에서 8을 빼 줄 수 없어 십의 자리에서 '10'을 받아내림하여 16에서 8을 빼 줌

</td></tr>
</table>

(2) 형식화

이 단원에서 형식화는 아이들이 덧셈과 뺄셈을 할 때, 구체물이나 반구체물을 이용하지 않고 종이에 계산하는 방식으로, 받아올림과 받아내림이 있는 덧셈과 뺄셈을 표준화된 절차에 따라 연산하는 것을 의미한다.

(3) 머리 셈

아이들이 덧셈과 뺄셈을 할 때 머릿속으로 계산하는 다양한 활동을 의미한다. 머리 셈은 예전에 주산학원에서 가르치던 암산을 포함하여, 어림하여 계산하기, 친숙한 수를 이용하여 계산하기 등 다양한 방법이 있다.

(4) 아이들이 만들어 낸 방식

아이들은 자신이 친숙한 방법으로 문제를 해결하려는 경향이 있다. 표준화된 연산 형식을 친숙하게 받아들이는 아이가 있는 반면, 매우 어색해하는 아이도 있다. 이때 아이들은 자신만의 방식을 만들어 낸다.

대표적인 예로 세로 셈을 할 경우 오른쪽(자릿값이 작은 쪽)부터 계산하는 것이 아니라 왼쪽(자릿값이 큰 쪽)부터 계산하는 방식이다. 이러한 방식은 실제로 유용한 측면도 많다. 어림값을 알아보는 경우 왼쪽부터 계산하는 것보다는 오른쪽부터 계산하는 것이 더 쉬울 수 있다. 미국의 수학 교육자인 카미에 의하면 아이들이 자신만의 방식으로 문제를 해결할 때 오류가 더 적다고 한다. 아이들이 표준화된 방법의 원리를 이해하고 자신만의 방법으로 문제를 해결한다면 아이들의 방식을 인정해 줄 필요가 있다.

2. 우리 아이 교과서 엿보기

1학년 2학기가 되면 아이들은 기본 셈과 '10 가르기와 모으기'를 통하여 자릿값의 개념과 10개가 묶이는 상황을 배운다. 아이들은 1학년 2학기 '6. 덧셈과 뺄셈(2)' 단원에서 '한 자리 수+한 자리수'와 '십몇 − 몇'을 배운다. 1학년 때는 한 번의 받아올림과 한 번의 받아내림이 있는 계산을 통해 받아올림과 받아내림의 개념을 배운다. 2학년에 올라가서는 숫자의 범위도 세 자리 수까지 확대되고, 받아올림과 받아내림이 여러 번 있는 계산을 배운다. 아이들은 2학년이 되어 효율적으로 덧셈과 뺄셈을 하기 위해 형식화 단계를 거치게 된다. 이때 아이들이 '수학을 잘하는 것은 계산을 잘하는 거야!'라고 잘못 인식하지 않도록 해야 한다.

(1) 받아올림과 받아내림의 선행 개념 학습

1학년 2학기에 아이들은 받아올림이나 받아내림이 없는 기본 셈을 공부한다. 이를 바탕으로 받아올림과 받아내림이 있는 덧셈과 뺄셈을 학습한다. 아이들이 덧셈에서 처음 접하게 되는 받아올림은 이전에 배운 '10 모으기'를 바탕으로 한다. 그리고 나서 '10 모으기'만으로 불가능한 상황을 접한다. 아이들은 주어진 수를 갈라 '10 모으기' 상황을 만들어 해결하게 된다. 뺄셈에서는 먼저 빼 주는 수를 갈라 뺄셈한다. 또한 큰 수를 갈라 아이들이 친숙한 10에서 작은 수를 빼 주는 학습을 하게 된다. 뺄셈에서는 순서에 상관없이 아이들이 더 익숙해하는 방법으로 접근하는 것이 받아내림 개념을 학습하는 데 더 유익하다.

'10 모으기'를 이용한 받아올림의 선행 개념 학습	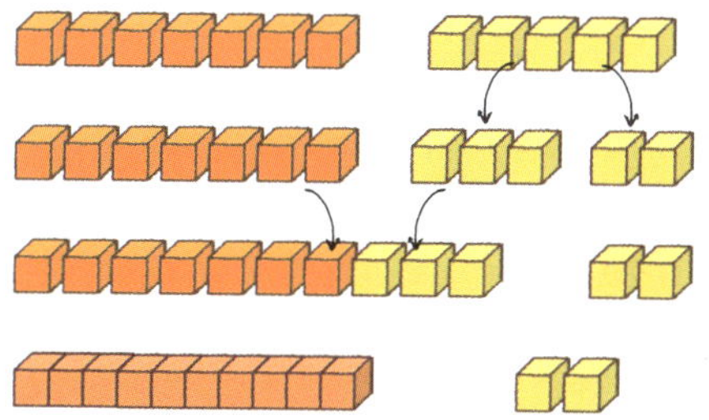	$7+5$ $7+3+2$ $10+2=12$
주어진 수를 갈라 '10 모으기' 상황을 만들어 해결하기	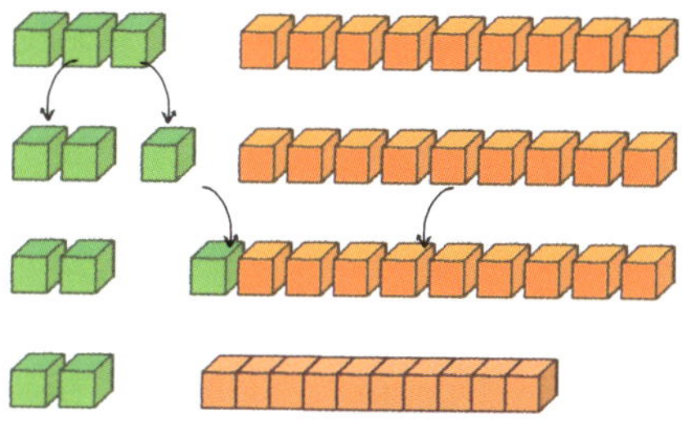	$3+9$ $2+1+9$ $2+10=12$
빼 주는 수 가르기를 통한 뺄셈	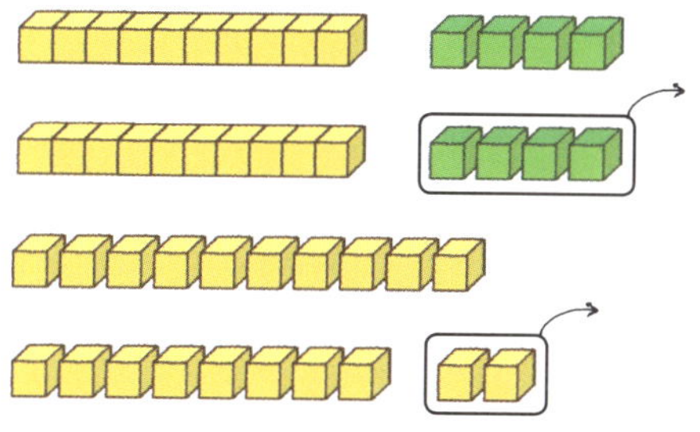	$14-6$ $14-4-2$ $10-2=8$
큰 수 가르기를 통한 뺄셈	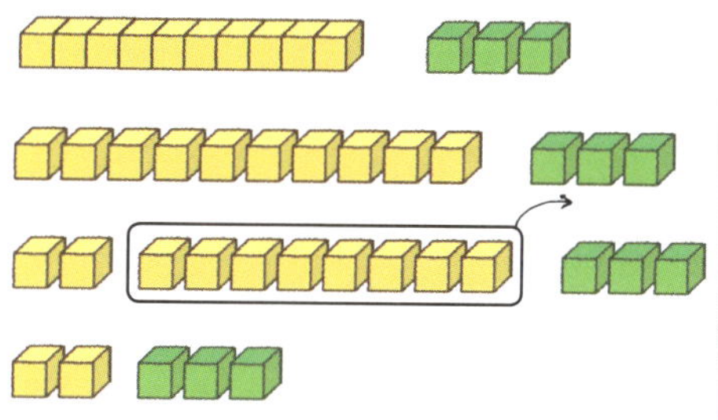	$13-8$ $10+3-8$ $10-8+3$ $2+3=5$

아이들은 아직까지 받아올림과 받아내림이라는 용어를 접하거나 학습하지는 않지만 선행 개념으로서 '10 묶어 올리기', '10 가르기'를 통해 먼저 개념을 형성한다.

(2) 표준화된 방법으로 덧셈과 뺄셈하기

아이들은 2학년에 올라가 본격적으로 받아올림과 받아내림을 이용한 형식화 단계에 이르게 된다. 1학기 때에는 '두 자리 수±한 자리 수', '두 자리 수±두 자리 수'를 학습하면서 표준화된 방법으로 덧셈과 뺄셈을 하게 된다. 아이들은 생활 속에서 구체물을 통해 받아올림과 받아내림 상황을 접하고 이를 어떻게 해결할지 탐구하게 된다. 이것을 식으로 나타내 표준화된 방법으로 형식화하는 것을 배운다. 아이들은 자신들만의 방법으로 계산하려는 모습을 보이기도 한다. 이때 엄마는 아이의 방법을 권유하거나 막을 필요는 없다. 단지 표준화된 방법이 더 편리하다는 것을 아이가 스스로 느낄 때까지 다양한 상황을 제시해 준다.

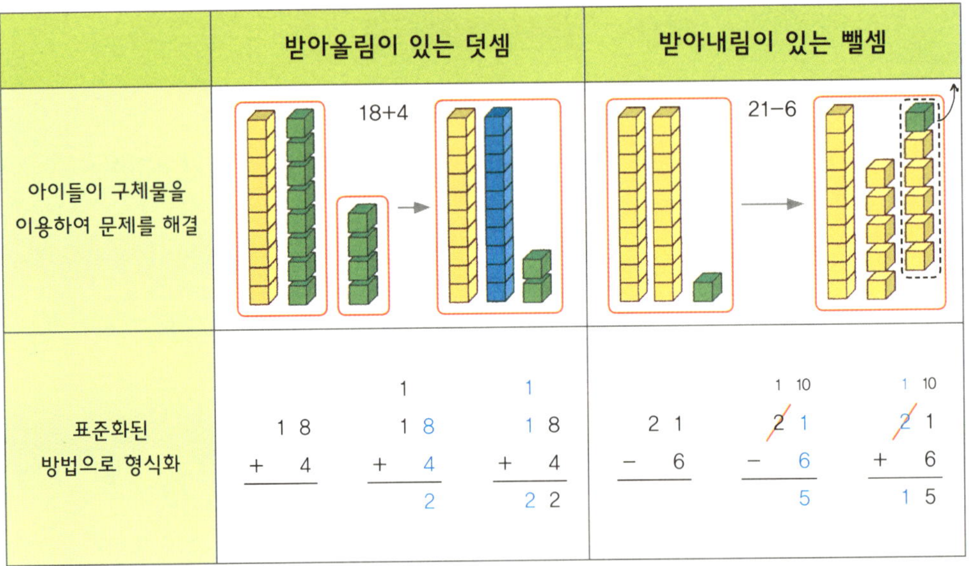

(3) 수의 크기가 커지면서 표준화된 방법 활용하기

아이들은 2학년 2학기에 '2. 덧셈과 뺄셈(1)'에서 받아올림과 받아내림이 없는 세 자리 수의 덧셈과 뺄셈을 배운다. 아이들은 이미 세 자리 수를 공부했기 때문에 세 자리 수에 익숙해져 있는 상태이다. 이어서 '4. 덧셈과 뺄셈(2)' 단원에서 받아올림과 받아내림이 있는 세 자리 수 덧셈과 뺄셈을 학습하게 된다. 이로써 자연수의 덧셈과 뺄셈 과정이 완성된다.

받아올림이 한 번 있는 덧셈	(356 + 137 단계별 계산 과정: 일의 자리 6+7=13, 십의 자리 93, 백의 자리 493)
받아내림이 두 번 있는 뺄셈	(632 − 256 단계별 계산 과정: 일의 자리 6, 십의 자리 76, 백의 자리 376)

　　이 단계에서도 아이들은 자신만의 편한 방법을 이용하며 표준화된 방법을 꺼리기도 한다. 이때 엄마는 아이만의 방법과 표준화된 방법으로 모두 해결해 보게 하고, 어떤 차이점이 있는지 아이와 이야기해 본다. 아이들의 방법이 좋고 나쁨을 떠나서 부모와 함께 이야기하며 자신만의 방법을 타당성 있게 설명하고 오류가 없다면 굳이 그 방법을 막을 필요는 없다. 하지만 시험에서는 표준화된 방법을 강조하므로 이 문제는 엄마가 한 번 더 고려해 봐야 할 사항이다.

(4) 세 수의 계산은 어떤 의미가 있을까요?

　　2학년 교과서에 나오는 세 수의 계산은 크게 세 가지 경우가 있다. 덧셈만으로 이루어진 경우, 뺄셈만으로 이루어진 경우, 덧셈과 뺄셈이 섞여 혼합셈으로 이루어진 경우이다.

1. 가르기와 모으기의 개념 부족

받아올림과 받아내림의 선행 개념인 10 가르기와 모으기의 개념이 제대로 정립되지 않아서 어려움을 겪는 아이들이 많다. 교과서에서는 받아올림이 있는 덧셈과 뺄셈의 이해를 돕기 위해 10 가르기와 모으기를 제시하고 있는데, 아이들이 이 단계를 제대로 이해하지 못하면 받아올림과 받아내림이라는 생소한 개념을 받아들이기가 쉽지 않다. 이 같은 어려움을 겪는 아이들의 대부분은 받아올림과 받아내림을 하지 않고 덧셈과 뺄셈을 하거나, 답을 쓸 때 아래와 같이 쓰게 된다.

받아올림을 하지 않고 덧셈을 한 경우 일의 자리에서 5와 7를 더한 후, 받아올림을 하지 않고 십의 자리에 2만 쓴 경우이다.	$\begin{array}{r} 2\ 5 \\ +\ \ \ \ 7 \\ \hline 2\ 2 \end{array}$
받아올림이 아닌 형식화된 방법으로만 학습한 경우 일의 자리 5와 7를 더한 후 어디에 계산 값을 쓸지 몰라 일의 자리에 12를 쓴 경우이다.	$\begin{array}{r} 2\ \ 5 \\ +\ \ \ \ \ 7 \\ \hline 2\ 12 \end{array}$
받아내림을 하지 않고 큰 수에서 수를 뺀 경우 옆의 경우는 일의 자리 뺄셈을 할 때, 5에서 7을 뺀 것이 아니라, 큰 수인 7에서 5를 뺀 경우이다.	$\begin{array}{r} 2\ 5 \\ -\ \ \ \ 7 \\ \hline 2\ 2 \end{array}$

2. 자릿값을 이해하지 못함

아이들이 자릿값을 이해하지 못해 받아올림과 받아내림을 하지 않는 경우가 있다. 이는 선행 개념인 '두 자리 수'와 '세 자리 수'를 공부할 때 자릿값의 개념을 형성하지 못했기 때문이다. 이런 경우에는 '두 자리 수'와 '세 자리 수'의 학습으로 돌아가 구체물로 자릿값의 개념을 세우게 해 주어야 한다. 아래와 같이 문제를 푸는 아이의 경우이다.

$37 + 8 = 315$	$\begin{array}{r} 3\ 7 \\ +\ \ \ \ 8 \\ \hline 3\ 1\ 5 \end{array}$

3. 수식으로 표현하지 못함

구체물로는 문제를 해결하는데 수식으로는 어려워하는 아이들이 있다. 이는 구체물을 이용한 학습 내용을 수식으로 형식화하는 경험이 부족해서 생긴다. 예를 들어 아이들이 기본 셈을 하는 경우 3+4를 해결한다고 가정하면, 아이들은 구체물을 이용하여 3개의 물건과 4개의 물건을 놓고 합해서 '1, 2, 3, 4, 5, 6, 7'이라고 세어 문제를 해결한다. 그런데 이때 수 세기만으로 끝내는 것이 아니라 숫자로 나타내 보게 해야 한다.

엄마 : 3+4를 풀어 볼까?

아이 : 네.

엄마 : 여기 3개의 블록이 있고, 4개의 블록을 더 가지고 오면 몇 개가 되지?

아이 : 음…… 하나, 둘, 셋, 넷, 다섯, 여섯, 일곱…… 일곱이오!

엄마 : 잘했어. 정말 일곱 개가 되었네.

아이 : 네.

엄마 : 그럼 이걸 숫자로 표현하면 어떻게 될까?

아이 : (큰 소리로 읽으며) 3+4 = 7요.

이와 같이 구체물을 이용한 학습 후에는 항상 수식으로 나타내 보게 하는 것이 효과적이다. 또한 수식으로 계산하고 나서 구체물을 이용해 계산 값이 올바른지 아이가 직접 확인해 보게 하는 것도 좋다. 아이는 수식으로 풀고 나서 직접 답을 확인하고 왜 틀렸는지를 엄마와 함께 이야기하면서, 이해하지 못했던 부분을 파악할 수 있다.

4. 세로 형식을 어려워함

세로 형식을 어려워하는 아이들의 특징은 너무 일찍 형식화된 방법으로 문제를 접했기 때문인 경우가 많다. 이런 경우에는 세로 형식으로 문제를 풀어 놓은 것을 보고 각각의 숫자가 의미하는 것이 무엇인지 구체물로 확인하는 학습이 효과적이다. 아래의 경우를 살펴보자.

<pre>   1
  3 7
+   8
─────
  4 5</pre>
	세로 형식을 보면서 37은 무엇을 의미하는지, 8은 무엇을 의미하는지 알아보고, 일의 자리는 무엇인지, 7과 8을 더한 값은 어디에 있는지, 받아올림은 어떻게 표현했는지, 하나하나의 의미를 아이와 함께 이야기해 보는 것이 좋다.

5. '몇백 − 몇'만 나오면 틀리는 이유

아이들이 어려워하고 쉽게 틀리는 문제 중에 하나가 '몇백−몇'이다. 이는 받아내림이 두 번 있는 뺄셈으로, 이와 같은 문제를 어려워하는 아이는 가르기를 두 번 해야 한다는 것이 장애물이다.

$$\begin{array}{r} {\scriptstyle 2\ \ 9\ \ 10} \\ 3\ 0\ 0 \\ -\qquad 7 \\ \hline 2\ 9\ 3 \end{array}$$	이와 같은 뺄셈에서 300은 200+90+10으로 가르기가 된다. 하지만 아이들은 가르기를 한 번만 하는 것에 익숙하기 때문에, 가르기를 두 번 하는 것을 익히면서 '2'와 '9'와 '10'의 의미를 알아보고 뺄셈을 하도록 지도해야 한다.

6. 세 수의 계산

세 수의 계산은 아이들이 특히 실수를 많이 하는 것이다. 세 수의 계산을 할 때, 아이들을 혼란스럽게 하는 것은 여러 가지 방법으로 계산하는 것이다.

여러 가지 방법으로 계산해 보는 것은 아이들의 사고력 증진에 좋은 방법이기는 하지만, 이런 계산을 어려워하는 아이에게는 여러 가지 방법보다는 아이가 잘 이해하고 있는 한 가지 방법으로 가르치는 것이 효과적이다. 만약 한 가지 방법으로도 어려워한다면, 문제를 두 단계로 나누어 두 수의 계산을 먼저 하고, 나온 계산 값에 새로운 수를 한 번 더 계산하는 식으로 지도하는 것이 좋다.

$$\begin{array}{r} 6\ 2\ 8 \\ +\quad 3\ 4 \\ \hline \boxed{6\ 6\ 2} \end{array} \qquad \begin{array}{r} \boxed{6\ 6\ 2} \\ +\ 2\ 7\ 6 \\ \hline \boxed{9\ 3\ 8} \end{array}$$	628+34+276을 지도할 때, '628+34'와 '662+276'으로 나누어 지도하는 것이 어려움을 덜어 줄 수 있는 방법이다.

1. 블록을 이용한 받아올림

블록은 가르기와 모으기를 할 때도 사용되었다. 여기서는 아이와 함께 블록으로 받아올림을 공부해 보자.

• 준비물

연결할 수 있는 블록 여러 개

• 놀이 방법

① 연결할 수 있는 블록 30개를 이용하여 엄마가 내는 문제를 표현해 보게 한다.

한 가지 색을 이용하여 10개짜리 묶음을 만들어 보고 아이와 '10'이라고 확인한다.

만약 엄마가 낸 문제가 17+8이라면 아이는 다음과 같이 나타낸다.

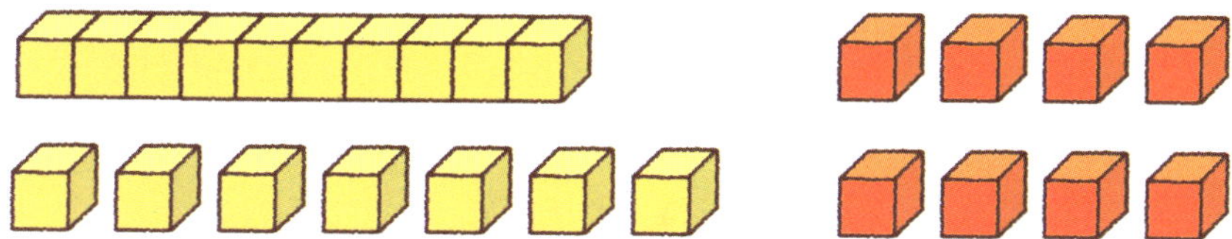

② 블록을 나타낸 것을 수식으로 '17+8'이라고 표현해 본다.

③ 블록의 개수를 합했을 때 모두 몇 개인지 알아본다. 이때 아이는 익숙한 수 세기로 "18, 19, 20, 21, 22, 23, 24, 25"라고 하여 알아낼 수도 있다.

④ 이제 노란색과 주황색 큐브를 연결하여 10개짜리 묶음을 만들어 본다.

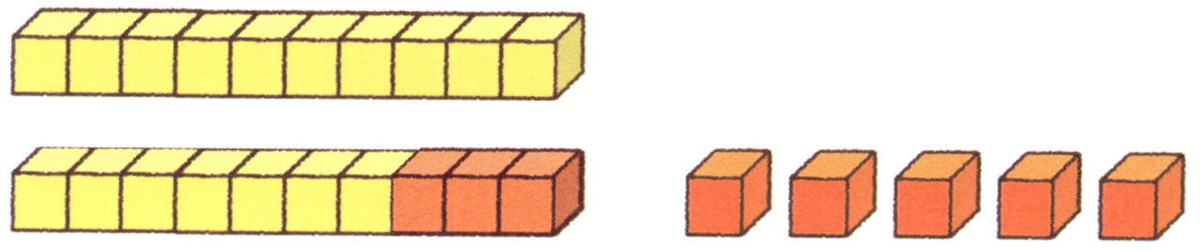

⑤ 십의 자리 블록 2개, 낱개 5개임을 확인한다.

⑥ 그럼 모두 몇 개인지 다시 한 번 물어본다.

• 놀이의 변형

다양한 문제를 이용하여 아이가 받아올림을 경험적으로 이해할 수 있도록 한다.

• 놀이 속의 수학

블록은 아이들에게 친숙한 놀이 도구이기 때문에 아이들을 자연스럽게 학습 분위기로 이끌 수 있다. 아이는 위와 같이 낱개 10개가 모여 10이 된다는 사실을 받아올림의 경험을 통해 자연스럽게 익힐 수 있다.

2. 블록을 이용한 받아내림

기본적으로 앞의 놀이와 비슷하다.

• 준비물
연결할 수 있는 블록 여러 개

• 놀이 방법
① 연결할 수 있는 블록 30개를 이용하여 엄마가 내는 문제를 표현해 보게 한다.

한 가지 색을 이용하여 10개짜리 묶음을 만들어 보고 아이와 '10'이라고 확인한다.

엄마가 16−8이라는 문제를 내고, 아이에게 어떻게 놓고 시작할지 나타내 보게 한다.

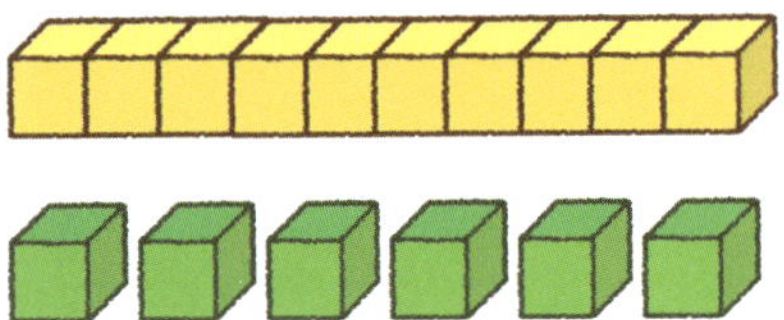

② 그 블록에서 8개를 빼면 몇 개인지 물어본다.

③ 아이는 8개를 빼기 위해 '15, 14, 13, 12, 11, 10, 9, 8'이라고 내려 세기로 답을 알아낼 수도 있다.

④ 그럼 큐브를 이용하여 8개를 빼 보자고 한다. 그럼 아이는 6개를 먼저 빼고, 아직 2개를 더 빼야 함을 알게 된다.

⑤ 아이와 함께 10개에서 2개를 더 빼기 위해서는 어떻게 해야 할지 이야기해 본다.
⑥ 아이는 10개짜리를 가르기 해야 함을 알아낸다.

⑦ 2개를 더 빼고 난 후 남은 블록은 몇 개인지 알아보고, 수식을 이용해 '16−8=8'이라고 표현해 본다.

· 놀이의 변형
다양한 문제를 이용하여 아이가 받아내림을 경험적으로 이해할 수 있도록 한다.

· 놀이 속의 수학
받아내림의 선행 개념인 가르기로 아이들이 받아내림을 자연스럽게 경험하도록 한다. 만약 36−9를 표현하는 경우 36을 표현하기 위해 10개짜리 블록을 3개 만들고 낱개 6개로 나타내 봄으로써 자연스럽게 자릿값도 함께 알 수 있게 한다. 아이가 6에서 9를 뺄 수 없는 상황을 경험하면서 10개짜리 묶음이 낱개로 분리되어야 함을 알도록 지도한다.

3. 빙고를 이용한 연산 놀이

· 준비물
학습지, 문제 카드와 색연필

· 놀이 방법
① 아래와 같은 빙고판을 미리 준비한다. 아이가 9개의 칸에 11부터 19까지의 수를 원하는 곳에 쓰도록 한다.
② 엄마는 계산 값이 11부터 19까지 나올 수 있는 뺄셈 문제를 카드에 적어 준비한다.
③ 엄마는 뺄셈식 카드를 하나씩 뽑아 식을 불러 주고, 아이는 계산 값이 얼마인지 계산하여 빙고판에 체크한다.
④ 식을 다섯 번 불렀을 때 빙고가 되었을 경우와 여섯 번 불렀을 때, 일곱 번 불렀을 때 각각 보상(과자 등)을 걸고 진행하면 더욱 재미있게 할 수 있다.

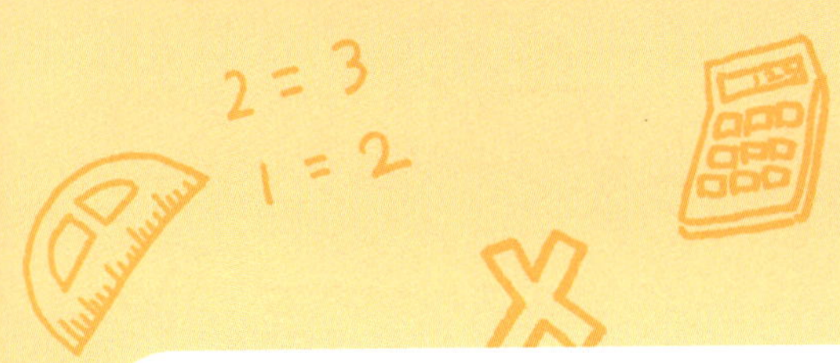

• 놀이의 변형

① 빙고판에 적을 수 있는 수의 범위를 달리하여 놀이를 진행한다. 예를 들어 21에서 29까지
　의 수로 바꿔서 할 수 있다.

② 받아올림이 있는 덧셈을 이용하여 게임을 진행할 수 있다.

• 놀이 속의 수학

빙고를 이용한 놀이는 아이들이 매우 좋아하는 놀이로, 다양하게 변형하여 사용할 수 있는
장점이 있다. 대부분의 연산에서 쓸 수 있으며, 빙고판을 쉽게 그릴 수 있도록 작은 화이트보드
를 준비해 놓으면 손쉽게 그리고 지우며 사용할 수 있다.

4. 돈 계산을 이용하기

동전을 이용하여 연산하는 놀이와 학습은 기존에 많이 나와 있으며, 다양한 방법으로 놀이
를 할 수 있다.

• 준비물

100원짜리 여러 개, 10원짜리 여러 개, 1원짜리 여러 개, 물건 카드 여러 장

• 놀이 방법

① 아이가 좋아하는 물건 이름이 적힌 카드를 준비하고 각각의 카드에 물건의 가격을 적어 놓
　는다.

② 아이에게 100원짜리 3개, 10원짜리 19개, 1원짜리 10개로 500원을 준다.

③ 엄마는 아이에게 사고 싶은 물건을 두 가지 고르라고 한다.

④ 두 가지 물건의 값이 얼마인지 아이가 계산해 보게 한다. 이때 반드시 식을 써 보고 계산하
　도록 한다. 식을 쓴 후에는 동전을 이용하여 합을 구할 수도 있다. 하지만 돈을 하나하나 세
　어 보는 방법과 형식화된 연산 형식을 이용하는 방법을 모두 경험해 보고 어느 방법이 더 편
　한지 생각해 보게 한다.

⑤ 아이와 함께 돈을 지불하는 방법을 이야기해 본다. 거스름돈이 있는 경우와 없는 경우를 모두 생각해 본다.

⑥ 위와 같이 두 가지 물건을 사고 물건 값을 지불하는 것에 익숙해지면 세 가지 물건을 사는 것으로 놀이를 진행해 본다.

• 놀이의 변형

① 아이에게 100원짜리와 10원짜리로만 500원을 주고, 물건을 사고 돈을 지불하는 경험을 하게 한다. 아이들은 거스름돈을 받기 위해 자연스럽게 뺄셈을 하게 된다.

② 물물교환 방법을 활용한다. 이때 차액은 얼마인지 알아보고, 차액은 돈으로 준다고 약속하는 것도 괜찮다.

• 놀이 속의 수학

돈이라는 것은 실생활에서 꼭 필요한 것이며, 아이들은 수학을 배우기 전부터 돈을 접한다. 그만큼 돈은 아이들에게 친숙한 것이라서 학습에 적절히 사용한다면 좋은 교구가 된다.

물건을 사고 거스름돈을 받아야 하는 상황에서 아이들은 받아내림을 경험할 수 있다. 또한 물건 값을 여러 가지 방법으로 지불해 봄으로써 다양한 방법을 사고하게 하고, 돈의 묶음에 대해서도 생각해 볼 수 있게 해 준다.

아이들에게 숫자 공부에 흥미를 느끼게 할 수 있는 좋은 소재 중 하나로 옛 사람들이 사용하던 수가 있다. 아이들에게 재미있게 소개할 수 있는 숫자로 다음 네 가지를 살펴보자.

1. 고대 이집트 숫자

고대 이집트 사람들은 상형문자를 사용했다. 이집트 상형문자의 유래와 쓰는 방법을 알고 아이와 함께 이집트 숫자를 이용하여 수를 표현해 보자. 그것으로 덧셈과 뺄셈을 해 보는 것도 아이에게 수학에 대한 흥미를 줄 수 있다.

$$10312 = 10000 + 300 + 10 + 2$$

$$2549 = 2000 + 500 + 40 + 9$$

2. 바빌로니아 숫자

바빌로니아 숫자는 처음으로 자릿값의 개념을 도입했다. 하지만 60진법이므로 아이에게 자릿값으로 접근하게 하기보다는 재미있는 이야기로, 가벼운 마음으로 표현해 보게 하는 것이 좋다.

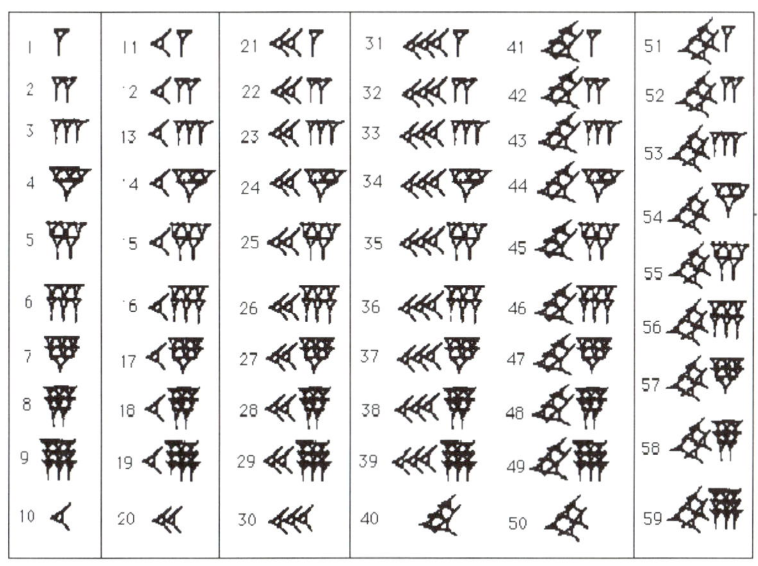

3. 마야 숫자

　마야 숫자에 처음으로 '0'이 등장했다는 것에 주목할 필요가 있다. '0'으로 자릿값을 표현하기에 편리해졌다는 데 의미가 있다. 만약 '300'이라는 것을 표현할 때, '0'이 없는 경우는 어떨지 아이와 이야기해 보는 것도 좋다.

숫자	마야 숫자	숫자	마야 숫자
0	👁	10	═
1	•	11	•̄
2	••	12	••̄
3	•••	13	•••̄
4	••••	14	••••̄
5	—	15	≡
6	•̄	16	•̄
7	••̄	17	••̄
8	•••̄	18	•••̄
9	••••̄	19	••••̄

03

복잡한 도형 이름도 술술 말해요

도형

수학이 즐거워지는 도형

수학이 즐거워지는 도형

 **엄마의 목표 :** 아이가 배우는 여러 가지 도형의 이름은 무엇인지, 각 도형의 속성은 무엇인지 알고 지도할 수 있다.

우리 아이 교과 단원
1학년 1학기 3. 여러 가지 모양
1학년 2학기 2. 여러 가지 모양
2학년 1학기 3. 여러 가지 모양

초등학교 저학년 아이들은 도형을 다른 영역에 비해 직관적으로 이해할 수 있고, 비교적 쉽게 배울 수 있어서 재미있어한다. 도형 영역은 수학의 다른 영역 문제를 해결하는 데 도움을 주기 때문에, 도형에 흥미를 느끼는 아이들은 직관적인 방법으로 수학의 다른 영역을 잘 이해하게 된다.

1. 엄마가 먼저 챙겨야 할 수학 상식

(1) 도형과 기하

도형이란 물체의 모양과 크기를 나타낸 것으로, 예를 들면 자전거 바퀴는 원으로, 산은 삼각형으로 나타내는 것이다. 한편 기하란 공간 안에서 물체의 위치나 동작 등을 나타내는 것으로, 상자가 놓여 있는 위치나 상자의 이동을 다루는 영역이다. 초등학교에서는 구체적이고 직관적인 수준의 도형 영역만을 다루지만, 도형 영역에 포함

되어 있는 공간 감각은 기하 영역의 기초가 된다.

(2) 기본 도형

여러 가지 도형 중 가장 기본이 되는 도형은 점, 선, 면이다. 점은 크기가 없이 위치만을 나타내는 도형이며, 점이 모여 선을 만들고, 선이 모여 면을 만든다. 그러나 1~2학년 아이들은 눈에 보이는 대로 인식하기 때문에 점, 선, 면의 구성 관계를 쉽게 이해하지 못한다. 아이들이 점, 선, 면의 구성 관계를 직관적으로 이해하게 하려면 주변에서 쉽게 볼 수 있는 입체 도형에서 면을 찾아보고 면을 구성하는 선을 인식하며 선 위에 있는 점을 찾아보게 하는 순서로 지도하는 것이 효과적이다.

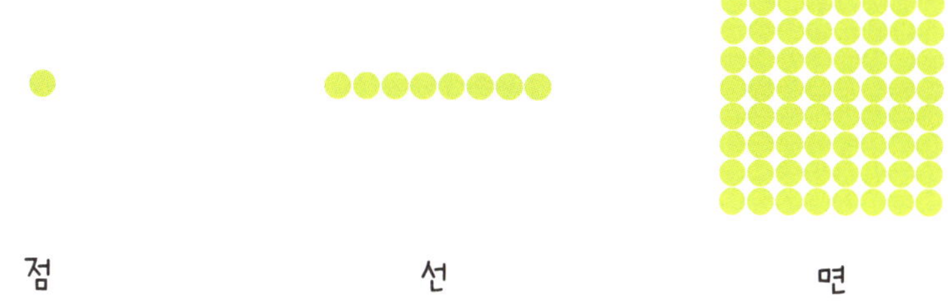

점   선   면

(3) 여러 가지 평면 도형

2차원 평면 도형에는 선분, 직선, 각이 있다. 선분은 길이가 정해져 있고, 직선은 길이가 무한대라는 점에서 차이가 있다. 또한 각은 두 직선이 이루는 새로운 '도형'이다. 그러나 대부분의 어른들도 이 선분과 직선의 차이, 그리고 각이 '도형'이라는 점을 잘 알지 못한다. 이제 초등학교 자녀를 둔 학부모가 먼저 공부를 해 보자.

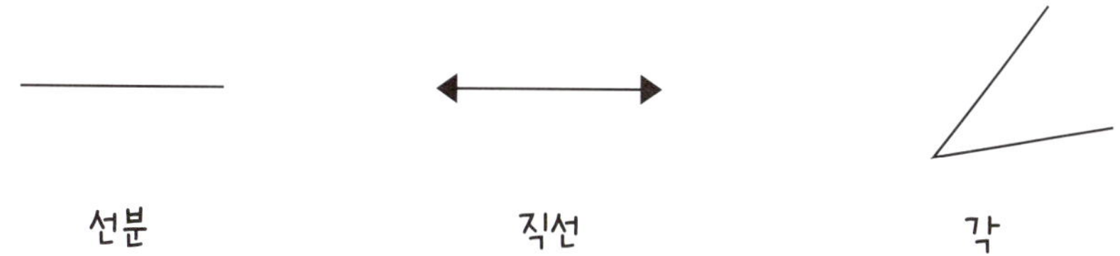

선분   직선   각

2차원 평면으로 구성된 평면 도형에는 세모 모양이라 부르는 삼각형, 네모 모양이라 부르는 사각형, 그 외에도 오각형, 육각형, 칠각형, 팔각형과 같이 각의 개수에 따라 이름을 붙이는 다각형이 있고, 각이 존재하지 않는 동그라미 모양인 원이 있다.

원은 초등학교 1~2학년에서는 '둥근 모양'이라고 부르고, 3학년이 되어야 '원'이라는 용어를 사용한다. 따라서 초등학교 1~2학년이나 취학 전 아이들은 동그라미가 찌그러진 모양이나 타원형도 모두 '둥근 모양'이라고 생각할 수 있다. 그러나 원은 '한 점으로부터 거리가 같은 점들의 자취'를 뜻하기 때문에 완전한 원 모양만 '둥근 모양'이라고 해야 한다는 것에 주의해야 한다.

(4) 여러 가지 입체 도형

3차원 입체인 도형에는 상자 모양인 사각기둥, 둥근기둥 모양인 원기둥, 뿔 모양인 원뿔, 공 모양인 구 등이 있다. 각기둥과 각뿔은 밑면의 모양에 따라 삼각기둥, 삼각뿔, 사각기둥, 사각뿔, 원기둥과 원뿔 등으로 이름을 붙인다.

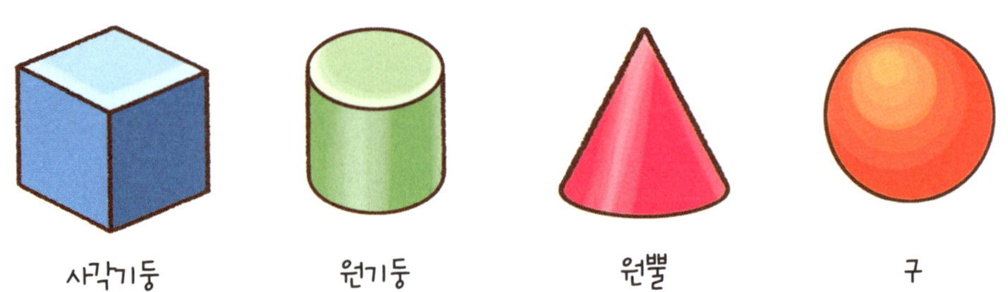

(5) 공간 감각

공간 감각이란 한마디로 공간 관계에 대한 직관적 느낌을 말한다. 예를 들어, 그림을 그릴 때 사람과 물체를 어떻게 배치해야 할지 안다거나, 지도를 보고 자신의 위치를 찾는 등 방향과 위치를 감지하는 능력이 바로 공간 감각이다. 공간 감각은 사람마다 다르며, 단시간 내에 얻을 수 있는 것도 아니다. 어렸을 때부터 꾸준하게 위치와 방향을 파악하는 습관을 들여서 위치와 방향의 변화에 민감한 아이들이 공간 감각이 좋다.

2. 우리 아이 교과서 엿보기

1학년에서는 입체 도형인 상자 모양, 둥근기둥 모양, 공 모양과 평면 도형인 네모, 세모, 동그라미 모양을 배운다. 2학년에서는 평면 도형의 구성 요소인 선분과 직선을 배우고, 네모, 세모, 동그라미를 사각형, 삼각형, 원이라는 이름으로 더 깊이 있게 학습한다. 입체 도형을 배우면서 아이들은 다른 사람이 쌓은 쌓기나무를 보고 똑같이 쌓아 보고, 쌓기나무를 이용하여 여러 가지 모양을 만들어 보는 활동을 하게 된다. 1~2학년 단계에서는 기본적인 도형의 이름을 알고 분별하는 수준에서 도형을 학습하게 되는데 이러한 학습이 아이들의 직관적인 기하 개념의 기초를 세우는 바탕이 된다.

(1) 상자 모양, 둥근기둥 모양, 공 모양이 무엇일까?

도형 영역의 일반적인 지도 순서는 여러 가지 도형들을 '종류별로 분류하여 공통점 찾기 → 공통점을 토대로 개념 확인하기 → 주변에서 그 개념에 해당되는 도형 찾기'의 순서로 진행이 된다. 이와 같이 관찰을 통해 성질을 찾아내는 귀납적인 학습 방법은 아이들에게 "이렇게 생긴 것은 상자 모양이고, 저렇게 생긴 것은 둥근기둥 모양이야. 이제 모양을 찾아 봐."라고 알려주는 방법과는 다르다. 아이들은 여러 가지 물건을 한 가지로 묶을 수 있는 기준, 즉 '수학적 개념'에 초점을 두고 관찰하기 때문에 개

념에 대한 이해가 정확해지고, 다른 물체에도 개념을 쉽게 적용할 수 있다. 이런 이
유에서 교과서에서는 대부분 귀납적인 방법으로 탐구 활동을 이끌어 간다.

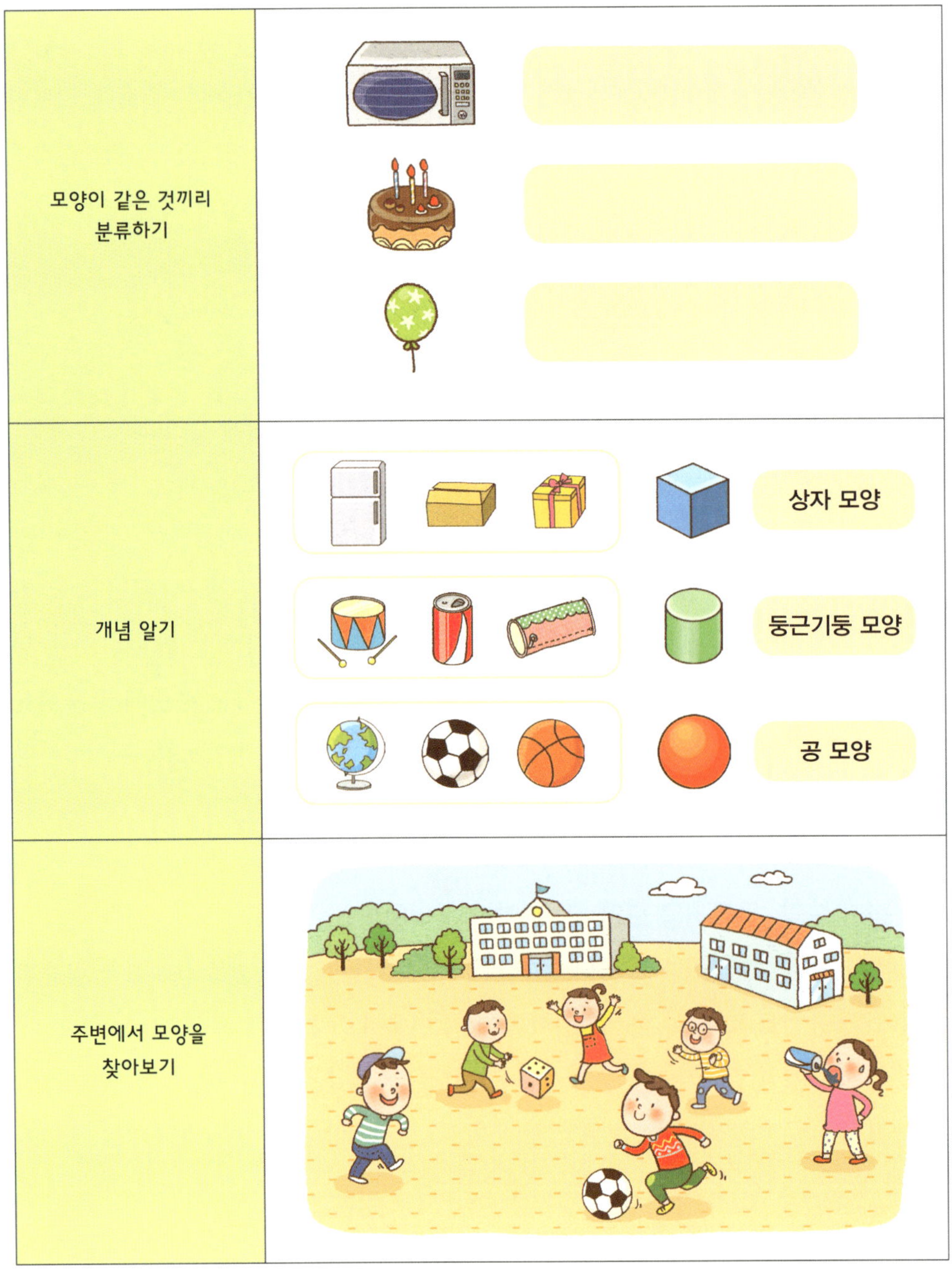

(2) 선분과 직선의 차이는 무엇일까?

2학년 1학기에는 기본 도형 중 선분과 직선을 다룬다. 먼저 직선과 곡선의 차이를 구분하여 직선의 개념을 이해하고 직선과 선분의 차이를 이해하게 한다.

(3) 사각형, 삼각형, 원은 무엇일까?

네모, 세모, 동그라미 모양이 도형을 직관적으로 이해하여 붙인 이름이라면, 사각형, 삼각형, 원은 도형의 속성에 초점을 두어 붙인 이름이다. 2학년 1학기에는 단순히 사각형, 삼각형으로 구분하는 데 그치지 않고, 각각의 속성과 구성 요소에 초점을 두어 도형을 배운다. 다만 원의 속성은 3학년에서 배우기 때문에 2학년에서는 원을 직관적으로 '동그란 모양'이라고 정의한다.

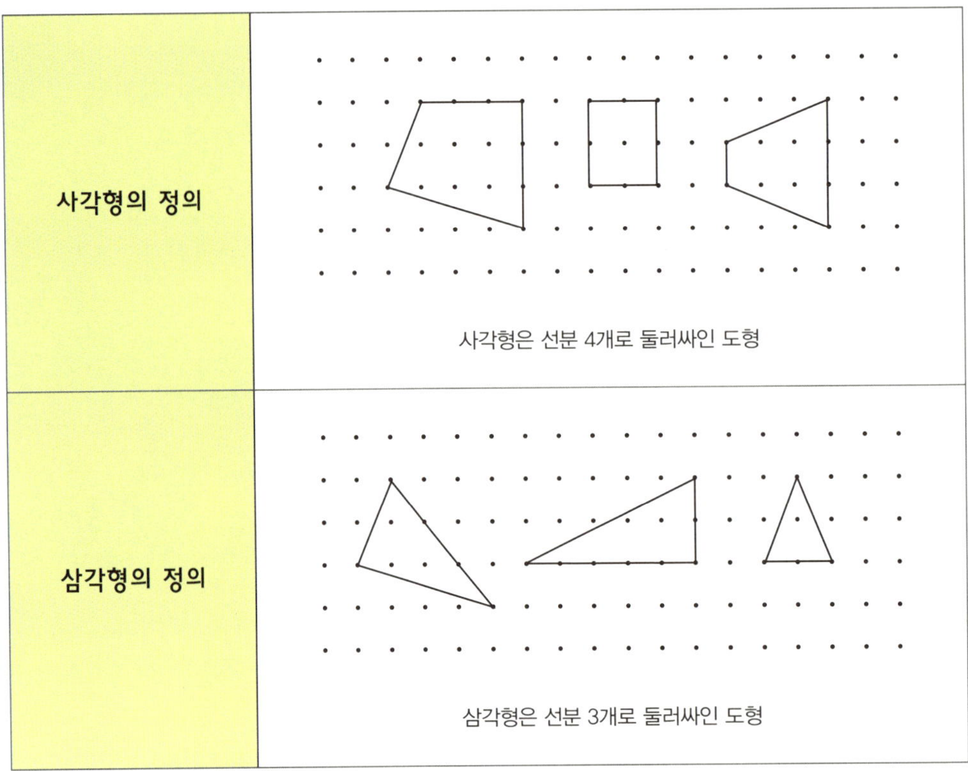

사각형의 정의	사각형은 선분 4개로 둘러싸인 도형
삼각형의 정의	삼각형은 선분 3개로 둘러싸인 도형

위에서 보다시피 삼각형과 사각형은 '변의 개수'에 따라 정의된다. 따라서 아이들이 처음 도형을 인식할 때는 '면'으로 구성된 모양으로 도형을 식별하였다 하더라도, 점차 '선분'으로 도형을 나타낼 수 있어야 한다. 점판을 이용하여 고무줄로 도형을 만들거나, 나무막대를 연결하여 도형을 만드는 활동 등은 선분의 개수에 초점을 두기 때문에 사각형, 삼각형의 정의를 이해하는 데 도움이 된다.

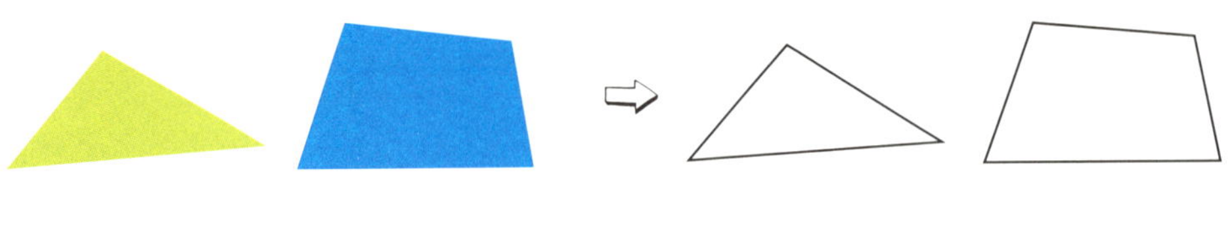

면으로 구성된 도형　　　　　　　　　　　선분으로 구성된 도형

⑷ 쌓기나무로 쌓아 보기

쌓기나무로 쌓기는 공간 감각을 길러 준다. 선생님이나 친구가 쌓은 쌓기나무와 똑같이 쌓는 것은 언뜻 보기에는 쉽고 단순한 것 같아 보인다. 그러나 똑같은 모양을 만들기 위해서는 아이들이 왼쪽과 오른쪽, 앞과 뒤, 위와 아래 방향과 공간을 종합적으로 파악해야 하기 때문에, 쌓기나무의 개수가 많아질수록 고차원적인 공간 감각이 필요하다.

교과서에서는 3개, 4개, 5개, 6개로 수를 늘려 가며 똑같은 모양을 만들지만, 실제 활동에서는 수준에 따라 3~4개로만 만들기도 하고, 6개 이상으로 만들기를 하는 것이 좋다.

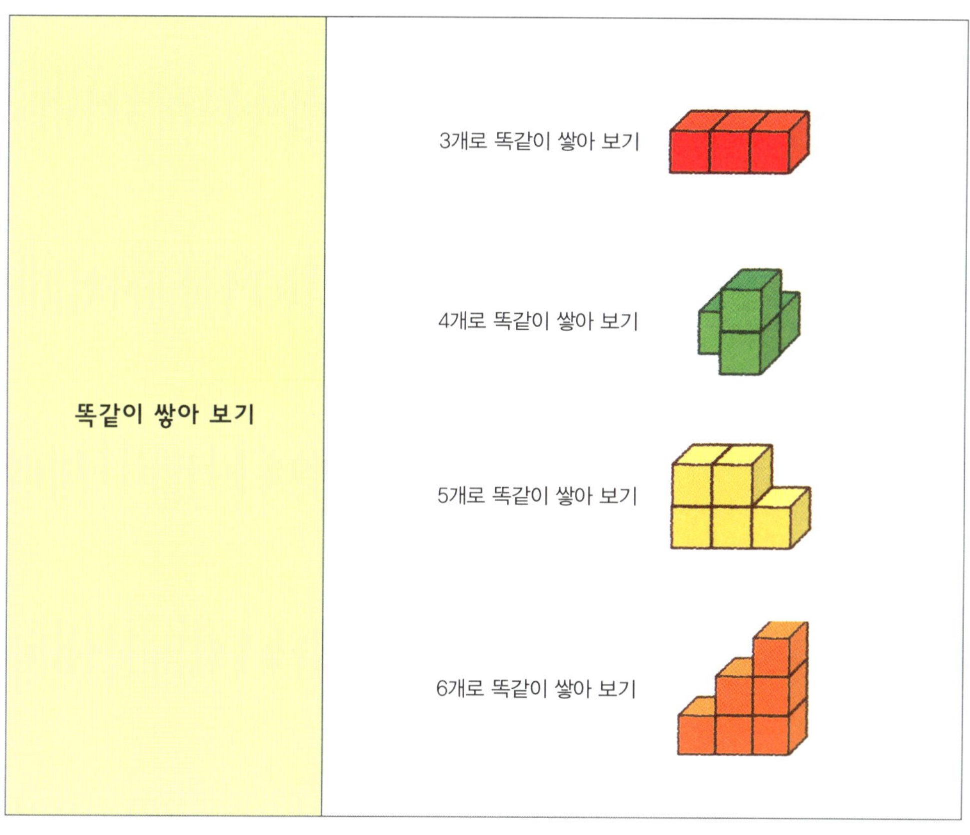

쌓기나무로 여러 가지 모양을 만드는 것은 공간 감각과 함께 창의성을 길러 주는 활동이다. 이때 아무렇게나 무의미하게 쌓지 않도록, 주제를 정하여 모양을 만들어 보게 한다.

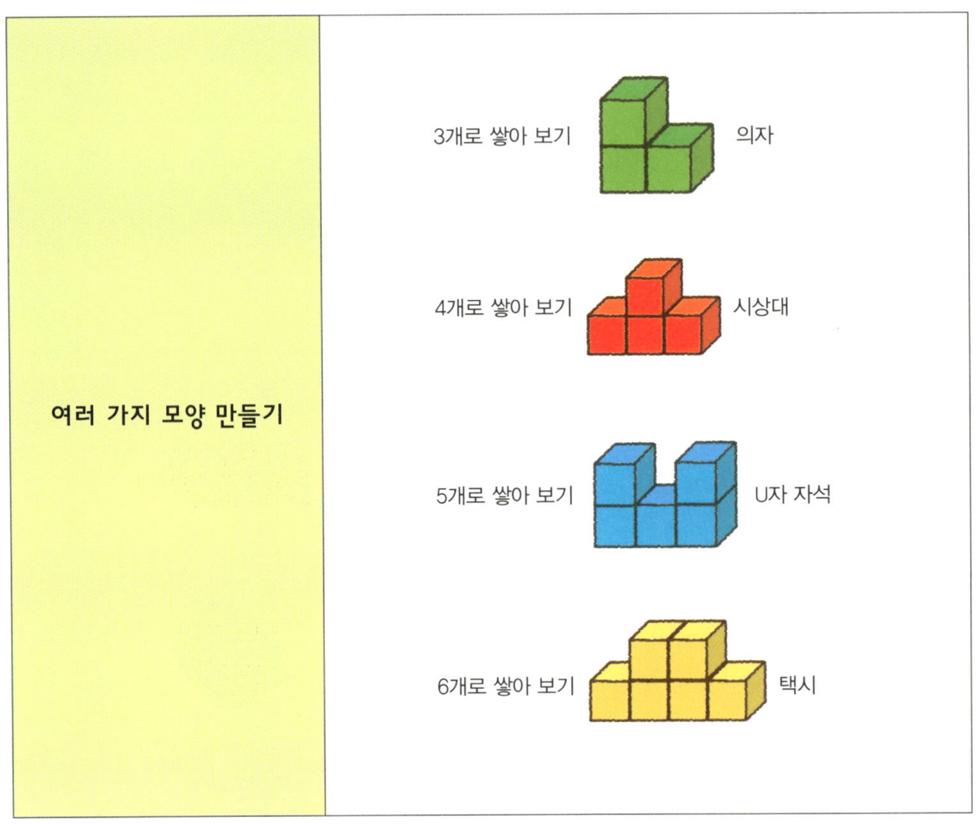

쌓기나무 활동은 6학년에서 쌓기나무의 개수 세기, 위와 앞과 옆에서 본 모양 그리기, 위와 앞과 옆에서 본 모양으로 쌓기나무 모양 만들기 등으로 다시 나온다.

아이가 쌓기에 자신감을 보인다면 "1층에는 몇 개가 있지?", "쌓기나무는 모두 몇 개일까?"와 같은 질문을 해서 층을 구분하거나 쌓기나무의 개수를 말해 보게 하는 것이 높은 수준의 공간 감각을 기르는 데 도움이 된다.

1. 둥근 모양은 어느 것일까요?

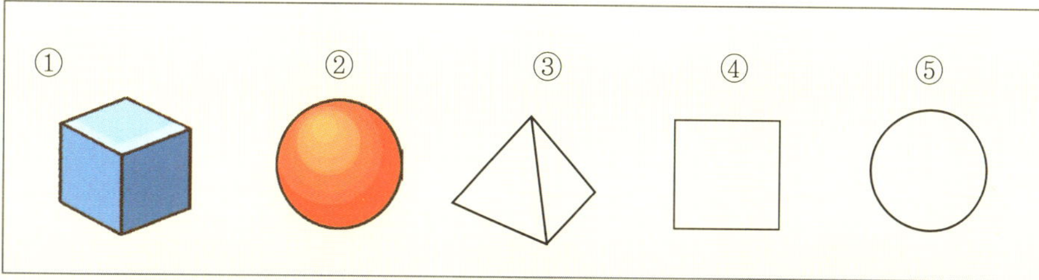

    평면 도형과 입체 도형에 대한 개념이 정확하게 잡히지 않은 아이들은 평면 도형인 원과 입체 도형인 구를 모두 '둥글다'라고 생각하기 때문에 ②번과 ⑤번을 모두 선택하기 쉽다. 그러나 정답은 ⑤번이다. ②과 ⑤번을 모두 선택하는 것은 '둥글다'라는 표현이 일상적으로 사용되는 뜻과 수학적으로 사용되는 뜻이 다르다는 사실을 모르기 때문이다.

    일상적으로 '둥글다'라는 표현은 '구', '곡면', '타원형', '원' 등에 구분 없이 쓰지만, 수학적으로 '둥글다'라는 표현은 평면 도형인 '원'을 나타낸다. 이러한 차이 때문에 아이들은 '공 모양'을 동그란 '동그라미 모양'이라고 생각하기 쉽다. 일상적인 개념으로 본다면 틀린 이야기는 아니지만 수학적으로는 입체 도형과 평면 도형을 구분하지 못하는 것이라고 볼 수 있다. 더욱이 평면인 종이 위에 그려진 공 모양을 보고 무슨 모양이냐고 물었을 때, 많은 아이들이 '동그라미 모양'이라고 대답하곤 한다.

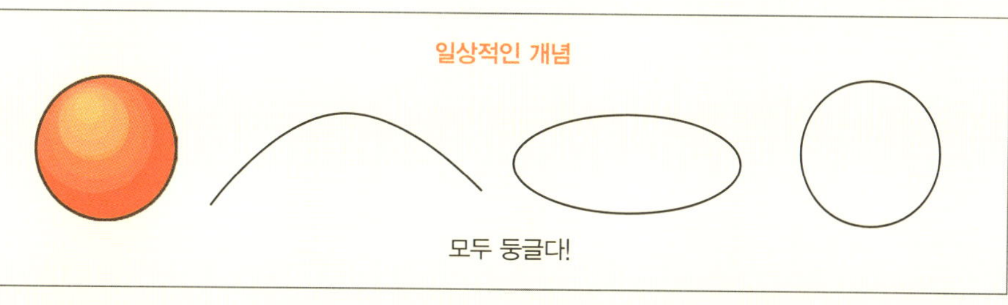

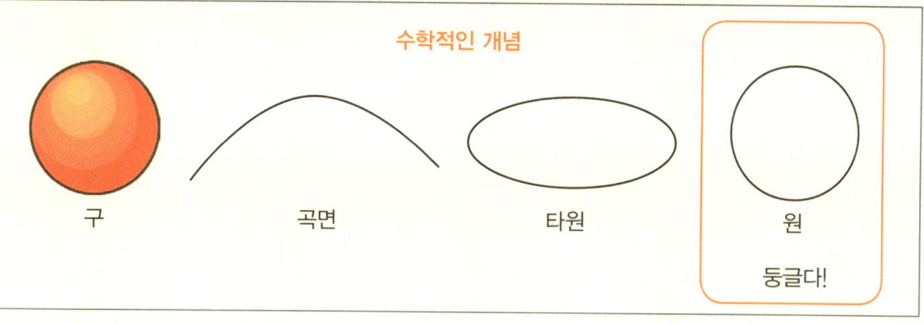

공 모양을 동그라미 모양이라고 생각하는 것을 방지하기 위해서는 공 모양 속에서 동그라미 모양을 찾아보게 하는 것이 도움이 된다. 공 모양으로 된 스티로폼을 잘라서 그 단면에 물감을 묻혀서 찍으면 동그라미 모양이 나온다. 이렇게 해서 공 모양과 동그라미 모양의 차이를 경험하게 하면 아이들은 모양의 차이를 제대로 이해하게 된다.

2. 삼각형일까, 아닐까?

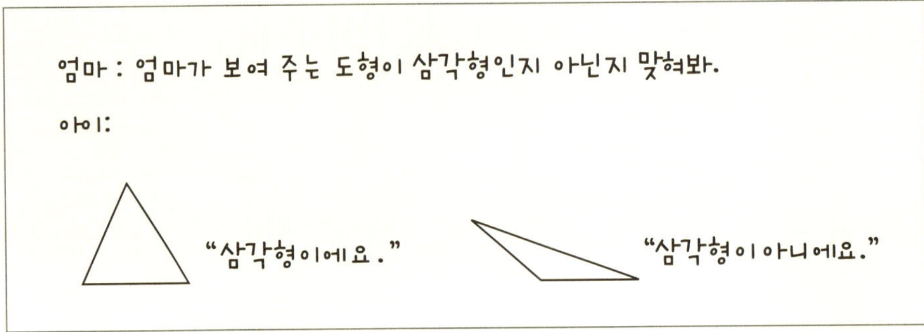

초등학교 수학 교과서에서 도형을 정의할 때는 오른쪽 그림과 같이 '바로 서 있는' 도형을 보여 준다. '바로 서 있는 모양'이 초등학생들이 가장 알아보기 쉬운 형태이기 때문이다.

한편 교과서에서 그 이후에 나오는 탐구 활동을 보면 도형을 다양한 형태와 위치로 그려 보게 하여 도형이 다양한 모습으로 나타날 수 있다는 것을 알려 준다. 그런데도 아이들은 왜 다음의 그림과 같이 거꾸로 되어 있거나 누워 있는 삼각형, 길쭉한 삼각형 등은 삼각형이 아니라고 생각하는 것일까?

그 이유는 직관적으로만 도형을 이해하기 때문이다. 삼각형은 1학년에서 '세모 모양'이라는 이름으로 처음 배운다. 이때 주로 세모 모양의 예로 드는 것이 산 모양이나 교통표지판 등이다.

이렇게 일상생활에서 볼 수 있는 세모 모양은 '바로 서 있는 삼각형' 모양이 많기 때문에 아이들은 직관적으로 산처럼 생긴 모양이 세모 모양이고 삼각형이라고 인식한다.

그러나 도형은 직관적으로 식별하는 것에서 출발하여 도형의 구성 요소와 성질을 이해하는 데까지 이르러야 제대로 이해했다고 할 수 있다.

삼각형을 돌려 보거나 점판 위에서 삼각형의 한 꼭짓점을 움직여 변형해 보면, 어떤 모양이나 어떤 방향으로 있더라도 선분 3개로 둘러싸여 있으면 삼각형이라는 점을 분명히 알 수 있게 된다.

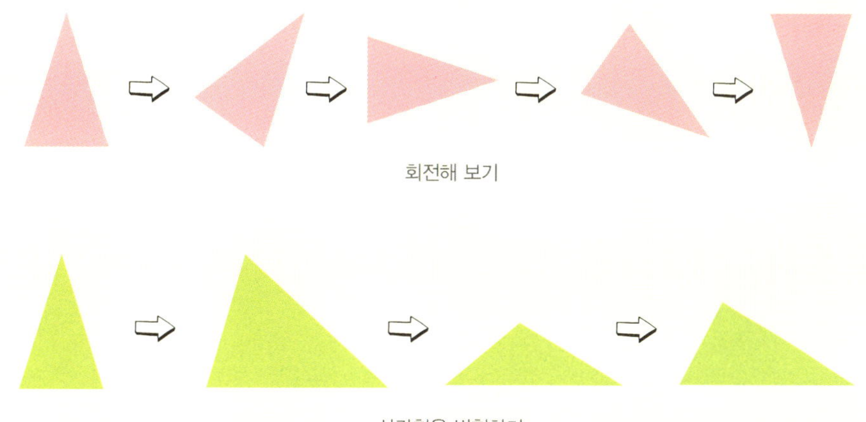

회전해 보기

삼각형을 변형하기

1. 음식 놀이

음식은 아이들에게 언제나 인기 있는 학습 소재가 된다. 입체 도형을 만져 보고 찍어 보고 잘라 보는 놀이를 통해 아이들은 입체 도형의 특징을 눈으로 보고 손으로 느끼며 익히게 된다.

• 준비물

당근, 무, 감자 등 단단한 채소

• 놀이 방법

① 엄마와 함께 채소를 상자 모양(직육면체), 둥근기둥 모양(원기둥)으로 자른다.

② 채소에 케첩 등 색깔이 있는 소스를 묻혀 종이에 찍어 본다.

③ 한 가지 모양으로 계속 찍어 보다가 두 가지 모양으로 규칙을 만들면서 찍어 본다.

④ 다음에 찍을 모양이나 중간에 빠진 모양을 맞혀 본다.

• 놀이 속의 수학

입체 도형 이름과 구성 요소 알기

채소를 자르면서 입체 도형의 이름을 익힐 수 있다. 무나 감자 같은 채소는 직육면체 모양으로 자르고, 당근과 같은 채소는 모양을 살려 둥근기둥 모양으로 자른다. 둥근기둥 모양으로 자를 때 기둥의 높이를 너무 길게 하면 윗면과 아랫면의 넓이가 달라 둥근기둥이라고 할 수 없으니 유의해야 한다.

상자 모양이나 둥근기둥 모양이라는 이름 외에 '면'이라는 용어를 사용해서 "한 면에 케첩을 묻혀 찍어 보자."라고 이야기해 본다. 아이들은 이후에 배우게 될 '면'이라는 용어를 자연스럽게 이해하기 된다. 찍은 그림을 보고 아이에게 "어떤 모양이 나왔지?" 하고 물어본다. 아이들은 상자 모양을 찍었을 때는 네모 모양이, 둥근기둥 모양을 찍었을 때는 동그라미 모양이 나온다는 사실을 통해서 입체 도형 한 면의 모양을 이해하게 된다.

규칙 만들기

입체 도형을 찍어서 네모와 동그라미가 규칙적으로 나타나게 한다. 다음에 올 모양이 무엇인지 물어보거나, 중간에 빠진 모양이 무엇인지 물어보면 아이들은 규칙이 무엇인지 생각하게 되고, 규칙을 통해 다음 도형을 유추하는 능력을 기르게 된다.

2. 그림 조각 퍼즐 놀이

아이가 그린 그림을 이용하여 세모, 네모, 동그라미 퍼즐 놀이를 할 수 있다. 이 놀이는 아이들이 도형을 공부하는 데 도움이 될 뿐만 아니라 아이가 자신의 그림에 대해 애착을 느끼게 한다.

퍼즐 놀이는 세모, 네모, 동그라미와 같은 모양을 구별하는 학습이 될 뿐만 아니라 각과 각이 아닌 것을 구분하고, 네모는 세모로 다시 나눌 수 있다는 것도 파악할 수 있게 해 준다.

· 준비물
아이가 직접 그린 그림, 가위

· 놀이 방법
① 아이가 스케치북에 그린 그림을 선택한다.

  (아이가 그림 자르는 것을 싫어할 수도 있으므로 아이와 그 그림을 잘라 퍼즐을 만들어도 좋을지 의논해 선택한다.)

② 그림에 여러 가지 모양의 세모와 네모가 나타나도록 선을 그린다.

  처음 퍼즐 맞추기를 하는 경우는 3~5개의 조각으로 나누는 것이 적합하다.

  퍼즐 안에는 정삼각형이나 정사각형, 예각이나 둔각삼각형, 사다리꼴이나 평행사변형과 같은 모양이 섞이도록 하여 아이들이 비전형적인 세모와 네모 모양을 인식하게 한다.

③ 선을 따라 가위로 잘라 퍼즐을 완성한다.

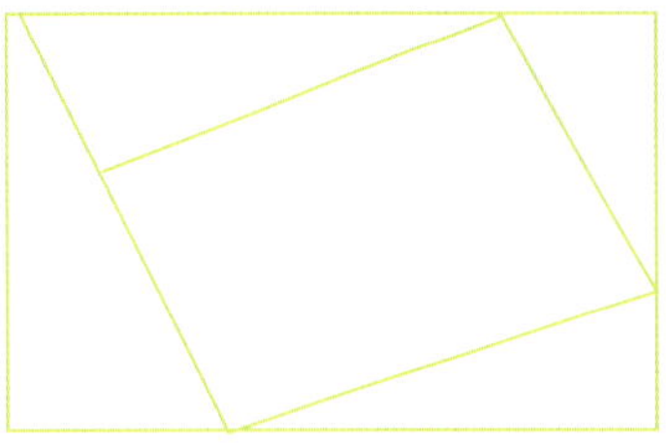

④ 아이가 퍼즐을 하나씩 맞추어 가면서 조각의 이름을 말하게 한다.

아이가 조각의 이름을 말하지 못할 때에는 정삼각형과 정사각형 모양 조각을 집어서 "이 모양이 세모이고, 이 모양이 네모지. 이건 무슨 모양일까?" 하고 물어보면 아이는 전형적인 세모와 네모 모양을 보고 모양 이름을 추론할 수 있다.

• 놀이 속의 수학

세모, 네모의 개념 이해

세모와 네모가 다양한 모양이나 다양한 위치로 나타날 수 있다는 것을 경험하게 되고, 나아가 세모와 네모의 공통적인 성질은 변으로 구성된다는 것까지 추론할 수 있다.

각의 이해

아이들은 퍼즐을 맞추기 위해서 뾰족한 '각'을 중심으로 모양 조각을 맞춰 본다. 그 과정에서 엄마가 뾰족한 부분을 '각'이라고 지칭하면 아이들은 자연스럽게 각이 무엇인지 인식하게 된다.

세모와 네모의 관계 이해

아이들은 퍼즐을 맞추기 위하여 네모가 들어가야 할 부분에 세모 두 개를 넣어 볼 수 있다. 그 과정에서 아이들은 네모가 세모 두 개로 나뉜다는 사실을 자연스럽게 배우게 된다.

3. 칠교놀이

칠교놀이란 7개의 평면 조각을 이용하여 여러 가지 모양을 만드는 놀이이다. 시중에 플라스틱이나 고무 자석으로 된 칠교판이 많이 나와 있지만 여기서는 색종이를 이용하여 아이들이 칠교판을 직접 만들면서 도형을 배우게 한다.

(1) 칠교판 만들기

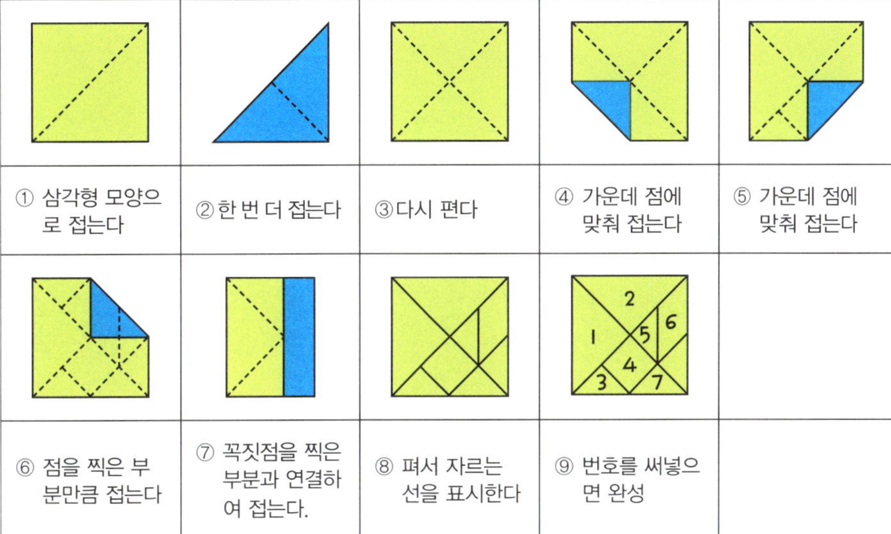

① 삼각형 모양으로 접는다	② 한 번 더 접는다	③ 다시 편다	④ 가운데 점에 맞춰 접는다	⑤ 가운데 점에 맞춰 접는다
⑥ 점을 찍은 부분만큼 접는다	⑦ 꼭짓점을 찍은 부분과 연결하여 접는다.	⑧ 펴서 자르는 선을 표시한다	⑨ 번호를 써넣으면 완성	

칠교판을 만드는 과정에서 아이들은 여러 가지 모양의 도형 이름뿐만 아니라 도형 간의 관계도 알 수 있다. 단순히 종이를 접고 오리는 것에 그치지 않도록 유도하고 적절한 질문을 해 주는 것이 중요하다.

"삼각형이 되도록 접어 보자", "사각형이 되도록 접어 보자"

종이를 접으면서 세모, 네모, 삼각형, 사각형이라는 용어를 자주 사용하면 아이들은 도형 용어에 쉽게 익숙해질 수 있다. 특히 세모는 삼각형, 네모는 사각형이라는 것을 알려 주면 이후에 학습하게 될 용어와 혼동하지 않고 잘 이해할 수 있다.

"사각형 색종이를 반으로 접으면 무슨 모양이 되지?", "그 모양은 몇 개야?"

색종이를 접어 보면서 아이들은 사각형을 절반으로 접으면 삼각형 2개가 나온다는 것을 직관적으로 이해할 수 있다. 이때 아이들에게 질문을 하지 않으면 아이들은 무심히 지나가기 쉽다는 점에 유의해 질문을 던지는 것이 중요하다.

"이 점에 맞춰 접어 보자"

　'점'이라는 용어를 사용하여 익숙해지도록 하고, "이렇게 직선끼리 만나는 곳이 점이야."라는 설명을 첨가할 수 있다. 아이들이 이해하면 "이렇게 도형 안에 있는 직선을 변이라고 해."라는 설명도 해 주어 수학 용어에 익숙해지게 한다.

(2) 놀이하기

• 똑같이 만들기

　칠교 조각으로 간단한 모양을 만든 다음에 아이가 똑같이 만들어 보게 한다. 아이가 잘 만들면 같은 모양을 다른 조각을 이용해서 만들어 보게 한다. 여기에 익숙해지면 어떤 조각을 이용하면 같은 모양을 만들 수 있을지 머릿속으로 생각해서 맞춰 보게 한다. 아이들이 도형의 특성에 대해 이해하기 시작하면 생각만으로도 쉽게 맞출 수 있게 된다.

• 조각 숫자를 다르게 하여 모양 만들기

　2조각부터 7조각까지 차례대로 조각 숫자를 늘려 가면서 여러 가지 모양을 만들어 보게 한다. 처음에는 생활 도구, 동물, 숫자 등을 만들게 한 뒤, 어느 정도 익숙해지면 스스로 생각한 모양을 만들게 한다. 만든 모양에 이름을 붙여 보면 아이들의 성취감을 높인다.

• 같은 모양이 되는 조각 찾기

　칠교 조각의 조합을 다르게 하여 서로 모양이 같은 경우를 찾아본다. 이때 칠교 조각에 번호를 붙이면 같은 조각을 표시하기가 더 쉬워진다.

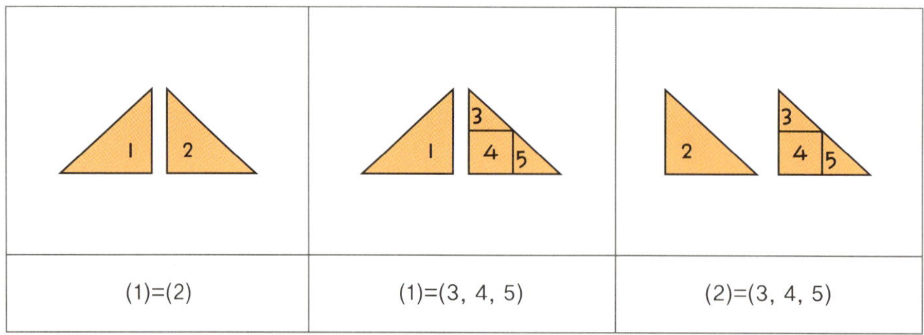

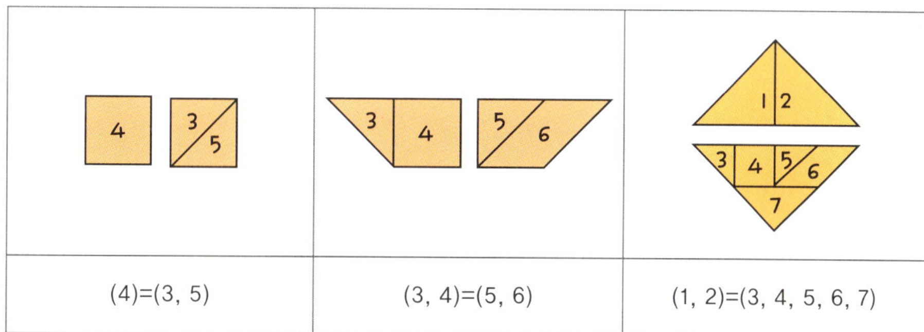

(4)=(3, 5)	(3, 4)=(5, 6)	(1, 2)=(3, 4, 5, 6, 7)

- **원래의 정사각형 만들기**

모양을 만든 다음 조각들을 모아 원래의 정사각형을 만들어 보게 한다. 도형의 길이와 각이 정확하게 맞는지 생각하는 과정에서 길이와 각도에 대한 공간 감각이 생겨난다.

4. 4조각 삼각형 놀이

4조각 삼각형 놀이는 낸시 리턴이 소개한 것으로, 여기에서는 집에서 가족과 함께할 수 있는 놀이 형태로 제시했다. 직각이등변삼각형 4개를 이용해서 만들 수 있는 다양한 다각형을 찾는 과정에서 아이들은 자연스럽게 볼록다각형과 오목다각형을 접하게 된다. 우리나라 교과서에서는 다각형의 지도 범위를 볼록다각형으로 한정하고 있지만 이 놀이에서는 볼록다각형과 오목다각형을 모두 찾아볼 수 있게 된다.

(1) 삼각형 조각 만들기

① 두꺼운 도화지 2장을 각각 잘라서 가로 10cm, 세로 10cm인 정사각형을 만든다.	② 대각선을 따라 접는다.	③ 접은 선을 따라 잘라서 직각이등변삼각형 조각을 만든다.

(2) 4조각 삼각형 만들기

• 삼각형 조각 연결하기

삼각형을 연결할 때는 변이 완전히 맞닿아야 한다는 것을 알도록, 바르게 만든 경우와 잘못 만든 경우를 보여 준다.

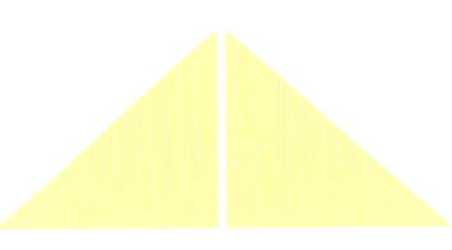
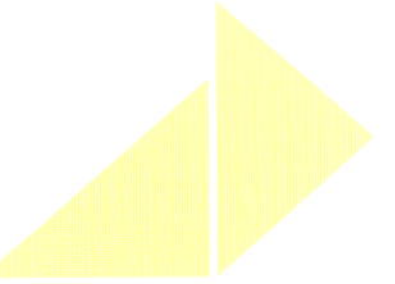

바르게 만든 경우   잘못 만든 경우

• 2조각 삼각형 만들기

삼각형 2개를 이용하여 만들 수 있는 모양을 모두 만들어 보게 한다. 아이가 잘 만들지 못할 때는 엄마가 시범으로 한 개를 만들어 보여 주고, 아이가 또 다른 모양으로 만들어 보게 한다.

삼각형 2조각으로 만들 수 있는 모양

• 4조각 삼각형 만들기

같은 색 삼각형 4개를 이용하여 만들 수 있는 모양을 가능한 한 많이 만들어 종이에 붙이고 이름을 적게 한다. 가장자리에 있는 변의 개수에 따라 사각형, 오각형, 육각형이라고 이름을 붙인다는 것을 알려 주면, 아이는 그 이상의 변이 있는 다각형에 칠각형, 팔각형과 같은 이름을 붙일 수 있다.

이때 아이가 다각형의 이름을 정확하게 분류할 수 있는 수준에 이르면, 사각형을 다시 분류하여 사다리꼴, 평행사변형, 정사각형과 같은 사각형의 종류를 소개할 수 있다.

그러나 처음부터 사각형의 종류를 소개하는 것은 다각형에 대한 개념에 혼란만 가져올 뿐이라는 점을 명심해야 한다.

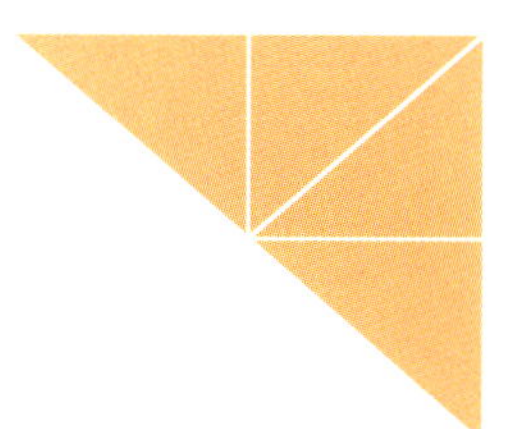

삼각형 4조각으로 만들 수 있는 삼각형

삼각형 4조각으로 만들 수 있는 사각형

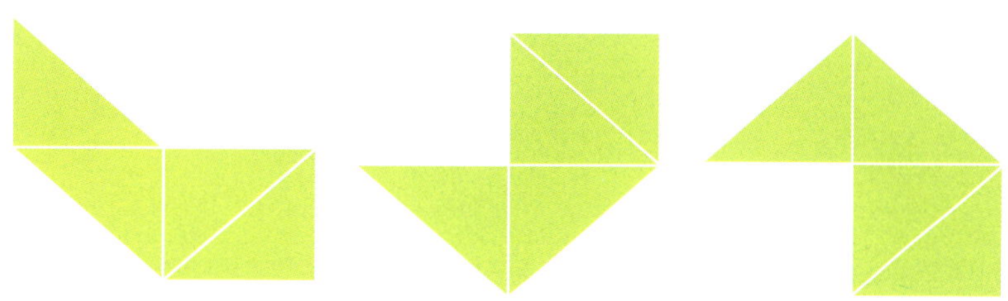

삼각형 4조각으로 만들 수 있는 육각형

• 두 가지 색 4조각 삼각형 만들기

두 가지 색 삼각형을 각각 2개씩 이용하여 만들 수 있는 모양을 모두 찾아 종이에 붙이게 한다. 한 가지 색으로 만든 4조각 삼각형과 모양은 같지만 색의 배열은 다른 모양을 만든다. 같은 모양에 색의 배열이 다른 것이 여러 가지가 나올 수 있으므로 나올 수 있는 모든 경우를 찾아 붙여 보게 한다.

  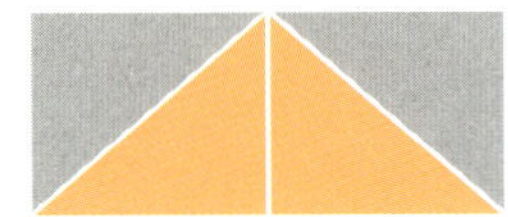

(3) 4조각 삼각형 놀이하기

• 모양 이름 맞히기

엄마가 두 가지 색 4조각 삼각형을 하나씩 만들어 보여 주고, 아이는 4조각 삼각형으로 만든 모양의 이름을 맞힌다. 그 다음 역할을 바꿔서 아이가 모양을 만들고 엄마가 맞히는 놀이로 변경할 수 있다. 이 놀이를 통해 아이는 다각형의 이름을 기억하게 되고, 자신이 원하는 다각형을 만들기 위해 다각형의 성질을 생각하게 된다.

• 똑같은 모양 만들기

엄마가 두 가지 색으로 4조각 삼각형으로 특정 모양을 만든 다음, 아이에게 10초 정도 보여 주고 가린다. 아이는 엄마가 보여 준 모양을 기억해서 4조각 삼각형을 배열하는 놀이이다. 이 놀이를 통해 아이는 본 것을 기억하기 위해서 주의를 집중하면서 삼각형 조각의 배열을 이해하는 공간 감각력을 기를 수 있다.

• 만든 모양 분류하기

4조각 삼각형으로 만든 모양들을 기준을 정해 분류하는 놀이를 할 수 있다. 이때 변의 개수에 따라 삼각형, 사각형, 오각형, 육각형으로 분류할 수도 있고, 오목한 곳이 있는가를 기준으로 볼록한 것과 오목한 것으로 분류할 수도 있다.

성형외과에 간 삼각형

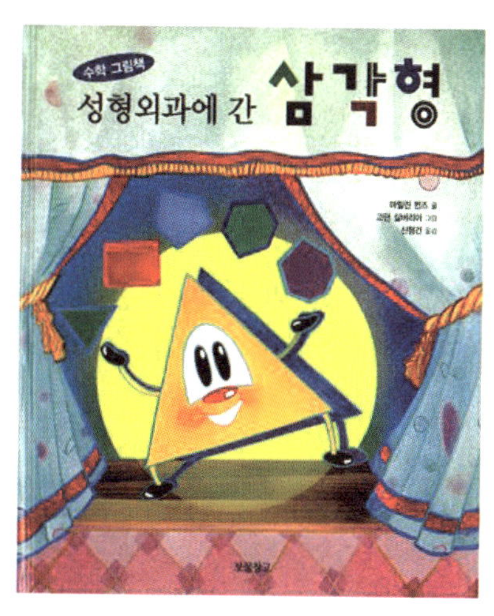

『성형외과에 간 삼각형』(보물창고)은 삼각형, 사각형, 오각형, 육각형 등의 다양한 평면 도형을 자연스럽게 소개하고, 이 도형들이 생활 속에서 나타나는 모습을 보여준다.

처음에 삼각형은 지붕을 단단히 잡아 주고, 무거운 다리를 든든히 받쳐 주고 트라이앵글이 되어 즐겁게 노래를 하는가 하면 배의 돛이 되어 신나게 바람을 모으고, 달콤한 케이크 한 조각이 되거나 맛있는 샌드위치 반 조각이 되기도 하며 바쁘게 살아가는 모습을 보여 준다. 생활 속에서 보이는 삼각형의 다양한 모습을 재미있게 보여 주는 것이다.

삼각형은 바쁘게 살다가 불만이 생겨서 성형외과를 찾아가서 변 하나와 각 하나를 더 갖게 해 달라고 한다. 그래서 삼각형은 사각형이 된다.

주인공인 삼각형은 이제 사각형이 되어 우리 생활 속에서 나타나는 다양한 사각형의 모습으로 살아간다. 그러던 어느 날 또 불만이 생겨서 변 하나와 각 하나를 더 갖고 싶다고 성형외과를 찾아가서 이번에는 오각형으로 변신한다. 그 뒤에는 육각형, 칠각형, 팔각형, …… 등 다양한 모습으로 성형 수술을 하다가 본래의 삼각형 모습으로 돌아가게 된다.

평면 도형을 소재로 하여 삼각형부터 사각형, 오각형, 육각형 등 생활 속에서 다양한 모습으로 있는 도형의 모습을 볼 수 있으며, 변 하나와 각 하나가 늘어서 도형이 변하는 모습은 아이들에게 재미를 줄 것이다.

나무의 기둥은 왜 둥근기둥 모양일까?

기둥이 곧은 나무 그림   원기둥 그림

　　나무의 기둥은 상자 모양도 아니고 공 모양도 아닌 둥근기둥 모양이다. 다른 모양도 많은데 굳이 둥근기둥 모양인 이유는 무엇일까?

　　나무는 비바람을 맞으며 살아간다. 거센 비바람 속에서도 살아남기 위해서는 비바람에 잘 떨어져 나가거나 잘 꺾이지 않는 모양을 갖추어야 했을 것이다. 그러면서도 안정적으로 땅에 뿌리를 내리고 살 수 있는 모양인 바로 둥근기둥, 즉 원기둥 모양이다. 만약에 나무가 상자 모양이나 공 모양이라면? 비가 오면 나무가 모두 깎여서 쓸려 내려가거나, 나무가 공처럼 데굴데굴 굴러다니게 될지도 모른다.

　　아이들과 함께 수목원 등 큰 나무가 많은 곳에 가서 나무의 모양에 대해 이야기를 나누어 본다. 엄마가 "나무는 왜 둥근기둥 모양일까?"라는 질문을 하면 아이들은 그 이유에 대해 고민하기 시작할 것이다. 고민하는 시간이 너무 길어진다면 "만약 나무가 상자 모양이나 공 모양이면 어떻게 될까?" 하고 아이들의 생각에 징검다리를 놓아 준다. 아이들은 나무 모양이 둥근기둥 모양인 이유뿐만 아니라 세상의 물건들이 지금의 모양을 갖게 된 이유를 궁금해하기 시작할 것이다.

　　아이들이 스스로 질문을 만들고 답을 찾아보게 하는 것도 좋다. 이런 이야기를 나누면서 아이가 세상을 좀 더 수학적인 안목으로 보게 되기를 기대해 볼 수 있지 않을까?

ℓ 생각해 볼 수 있는 질문

- **왜 바퀴는 동그라미 모양일까?**
  - 네모 모양이나 세모 모양보다 동그라미 모양이 굴러가기 쉬우니까
  - 네모 모양이었는데 많이 쓰다 보니 뾰족한 부분이 닳아서

- **왜 동전은 동그라미 모양일까?**
  - 동그란 모양은 주머니에 넣어도 아프지 않으니까
  - 네모나 세모 모양이면 동전을 떨어뜨렸을 때 찌그러지니까

- **왜 책은 네모 모양일까?**
  - 책상이나 책꽂이가 네모 모양이니까 넣기 쉽게 하려고
  - 네모 모양으로 종이를 자르기 쉬우니까

- **왜 집은 상자 모양일까?**
  - 공 모양이면 사람이 눕기 힘드니까
  - 공 모양이면 머리가 천장에 닿을지도 몰라
  - 공 모양이면 집이 굴러가려고 하니까
  - 상자 모양에 가구를 많이 넣을 수 있으니까

- **왜 두루마리 휴지는 둥근기둥 모양일까?**
  - 공 모양이면 굴러가니까
  - 사각형 모양이면 휴지가 잘 안 풀어지니까

- **왜 텐트는 뿔 모양일까?**
  - 공 모양이면 잘 굴러가니까
  - 상자 모양일 때보다 뿔 모양일 때 잘 안 쓰러지니까
  - 비바람이 몰아쳐도 잘 흔들리지 않게 하려고

04

하루 24시간, 생활이 측정으로 이뤄져요

측정

비교하고 재어 보고 시간 알아보기

비교하고 재어 보고 시간 알아보기

엄마의 목표 : 생활 속에서 비교하고 어림하고 측정하는 활동을 통해 측정 감각을 발달시키고, 시계 읽기와 시간에 대한 기초 개념을 형성시킨다.

우리 아이 교과 단원
1학년 1학기 5. 비교하기
2학년 1학기 5. 길이 재기
2학년 2학기 3. 길이 재기
1학년 2학기 5. 시계
2학년 1학기 7. 시간 알아보기

측정은 양의 크기를 재는 것을 말한다. 따라서 측정이란 양의 크기를 수로 표현하기 위해서 먼저 기준량을 정하고, 주어진 양은 기준량으로 몇 개가 되는가 알아보는 방법을 말한다.

우리는 아침에 일어나는 순간부터 밤에 잠들기 전까지 수없이 측정한다. 침대 옆에 있는 알람시계 또는 휴대폰으로 시간을 재고, 옷을 치수에 맞추어 고른다. 또 시계를 보면서 도착 시간을 대략 계산해 출근을 하거나 등교를 한다. 몸무게를 줄이려는 사람들은 특별히 칼로리에 신경을 쓰거나 몸무게를 재거나 할 것이다. 그 밖에도 많은 예가 있다.

간단히 말해서 측정 교육은 학생으로 하여금 수학이 일상생활에서 유용하다는 사실을 알 수 있게 해 준다.

1. 엄마가 먼저 챙겨야 할 수학 상식

(1) 물통의 다양한 속성으로 알아보는 여러 가지 측정

측정이란 그림의 설명과 같이 속성이 같은 측정 단위(넓이를 예로 들자면 접착 메모지, 모눈종이, 타일 등)로 채우거나, 덮거나, 붙여서 양의 크기를 재는 것이다. 이러한 측정의 개념을 이해한 후에 측정하고자 하는 물체를 채우고, 덮고, 붙이는 데 필요한 단위의 개수를 세는 것이 적절하다고 할 수 있다.

(2) 측정 감각을 발달시키는 활동

아이들의 측정 감각을 기르기 위해서는 첫째, 직접 측정을 해 보게 해야 한다. 실천 위주의 측정 경험은 이해력을 증가시킨다.

둘째, 비교하고 어림한 후에 측정하면 아무 생각 없이 측정 도구를 이용할 때보다 관심을 기울이면서 신중하게 측정하게 된다.

셋째, 아이로 하여금 아이 고유의 측정 도구를 만들게 하는 것이 좋다. 아이는 자신이 직접 만든 도구로 측정하면서 측정 감각을 키우고 어림잡아 보는 능력도 기를 수 있다.

넷째, 자신이 만든 측정 도구를 사용하여 집에서 측정을 해 보면서 측정 감각을 키울 수 있다.

(3) 시각과 시간

① 시간의 측정

시간도 다른 측정 방법과 같은 방법으로 측정한다. 시간을 재는 임의 단위로는 수도꼭지에서 규칙적으로 떨어지는 물방울, 모래시계 등을 떠올리면 된다. 시간을 잴 때에는 측정하고자 하는 활동이 시작되는 동시에 시작하여 활동이 끝날 때까지 잰다. 예를 들어 아이들이 자신의 이름을 적는 데 걸리는 시간을 측정할 때, 수도꼭지에서 떨어지는 물방울 수로 시간을 잴 수 있다. 저학년 학생들은 임의 단위로 시간을 측정하는 것을 매우 좋아한다.

② 시각 읽기 지도 방법

㉠ 바늘이 하나인 시계로 시작하면 좋다. 시침 하나만 있는 시계는 아이들이 비교적 정확하게 읽을 수 있다. '약 7시', '9시가 조금 지났다', '2시와 3시의 중간'과 같이 어림잡아 보는 표현을 많이 사용하도록 한다.

㉡ 시침이 어떤 시각에서 다음 시각으로 이동함에 따라 어떤 일이 일어나는지 관찰해 본다. 만약 시침이 숫자와 숫자의 중간에 있다면 분침은 어디 있겠는가? 만약 시침이 정각보다 조금 지났거나 조금 못 갔다면 분침은 어디 있겠는가?

㉢ 실제로 시계 두 개를 사용해 보자. 하나는 시침만 있고, 하나는 시침과 분침이 모두 있는 것을 준비해 보자. 시침과 분침이 모두 있는 시계를 가려 놓은 후, 하루 동안 주기적으로 시침만 있는 시계를 관찰하게 한다. 그러고 나서 일정 시점

에서 아이에게 분침이 어디에 있을지 예상해 보게 한 후, 가려져 있는 시계를
보여 주면서 예상이 맞았는지 확인해 본다.

㉣ 5분 단위의 시각을 가르친다. 그러면 시침을 먼저 보고 대략적인 시각을 안 후
에 분침을 보고 정확한 시각을 알 수 있다.

㉤ 아날로그시계를 보고 디지털시계에서는 어떻게 나타날지 예상해 본다. 반대로
디지털시계를 보고 아날로그시계에서는 어떻게 나타날지 예상해 본다.

2. 우리 아이 교과서 엿보기

1학년 1학기 '5.비교하기' 단원에서는 보편 단위(cm, kg 등)를 이용하지는 않으나
구체물의 조작과 관찰을 통하여 양의 개념과 양감을 기르고, 측정을 이해하는 데 기
초가 되는 경험을 하게 한다.

2학년 1학기 '5. 길이 재기' 단원에서는 비교와 임의 단위를 이용한 측정을 학습한
후 보편 단위인 센티미터(cm)를 도입한다. 2학년 2학기 '3. 길이재기'에서는 cm보다
더 큰 m 단위의 필요성을 깨우치고 100cm보다 긴 길이 재기는 cm보다는 m가 편리
함을 알게 한다.

시간과 관련해서는 1학년 2학기 '5. 시계' 단원에서 '몇 시', '몇 시 30분'을 배움으
로써 시각에 대한 개념을 발달시킨다. 또한 2학년 1학기 '7. 시간 알아보기' 단원에
서는 시계를 통해 분 단위까지의 시각, 시간, 하루의 시간, 달력을 통한 요일의 변화,
12개월 등 시간과 관련된 기초 지식을 학습하여 생활에 활용할 수 있도록 한다.

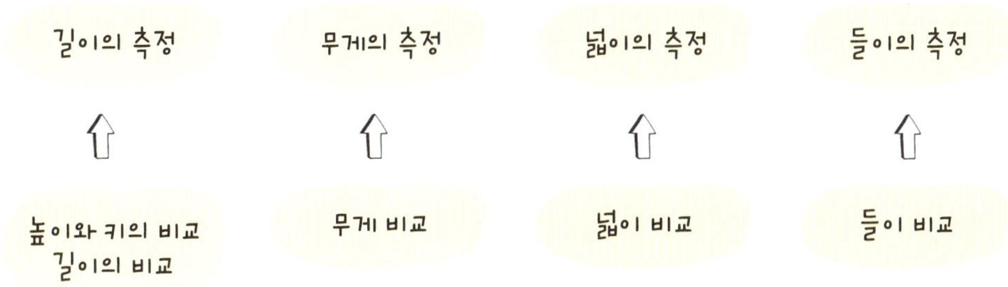

(1) 비교하기

이 단원은 측정에 대한 기초 단계로 물체의 길이, 높이, 무게, 넓이, 들이 등의 비교에 관한 내용을 처음으로 학습하게 된다. 이들을 비교할 수 있는 둘 또는 여러 물체를 생활 주변에서 직관적 비교 또는 직접 비교하여 말로 표현함으로써 여러 가지 종류의 양감을 느낄 수 있도록 한다.

길이	길이 비교를 할 수 있는 물건 2개 또는 3개의 길이를 직관적으로 또는 직접 비교하여 '길다, 짧다', '가장 길다, 가장 짧다'라는 말로 표현한다.
높이	① 물체의 높이를 자기 키(임의 단위)와 비교하는 방법 알아보기 ② 운동장에 있는 세 물체를 직관적으로 비교하기 ③ 세 사람의 키를 비교하는 방법 알아보기 일반적으로 '높이'는 길이 중에서 수직 길이만을 나타내고, 그 밖의 경우는 '길이'를 사용한다. 살아 있는 동물에는 '키'라는 용어를 사용한다.
무게	물건 2개 또는 3개의 무게를 직관적으로 또는 직접 비교하여 '무겁다, 가볍다', '가장 무겁다, 가장 가볍다'라는 말로 표현한다.
넓이	넓이가 다른 두 물건의 넓이를 직관적으로 비교하거나 직접 맞대어 보는 방법 등 학생들이 다양한 방법을 발견해 내도록 한다.
들이	① 양과 크기가 같은 컵의 물의 양 비교 ② 모양과 크기가 다른 그릇의 들이 비교

(2) 길이 재기 1

① 길이의 개념 이해

1학년 때는 구체물의 길이를 직접 비교했으나 이 수업에서는 물체를 사용해 길이
를 간접 비교한다. 길이를 간접 비교하기 위한 물체로 끈이나 신체, 연필 등 다양한
물건을 사용할 수 있다는 것을 알게 한다.

② 우리 몸을 이용하여 길이 재기

양팔	걸음	뼘	엄지손가락의 너비

칠판의 길이를 양팔을 벌려 재고, 교실의 폭을 발걸음으로 재어 본다. 책상의 긴
쪽과 짧은 쪽의 길이를 뼘으로 재어 보며, 물체의 길이에 따라 우리 몸을 이용해 적
당한 부분으로 잰다. 뼘의 길이와 같이 어떤 길이를 재는 데 기준이 되는 길이를 '단
위길이'라고 한다.

③ 임의 단위의 불편함을 알고, 보편 단위의 필요성 이해하기

서로 다른 연필의 길이로 하나의 물건을 잴 경우 서로 측정값이 다름을 확인하고

여러 가지 단위로 하나의 길이를 재어 봄으로써 임의 단위의 불편함을 알게 한다.

④ 자를 사용하여 길이 재기

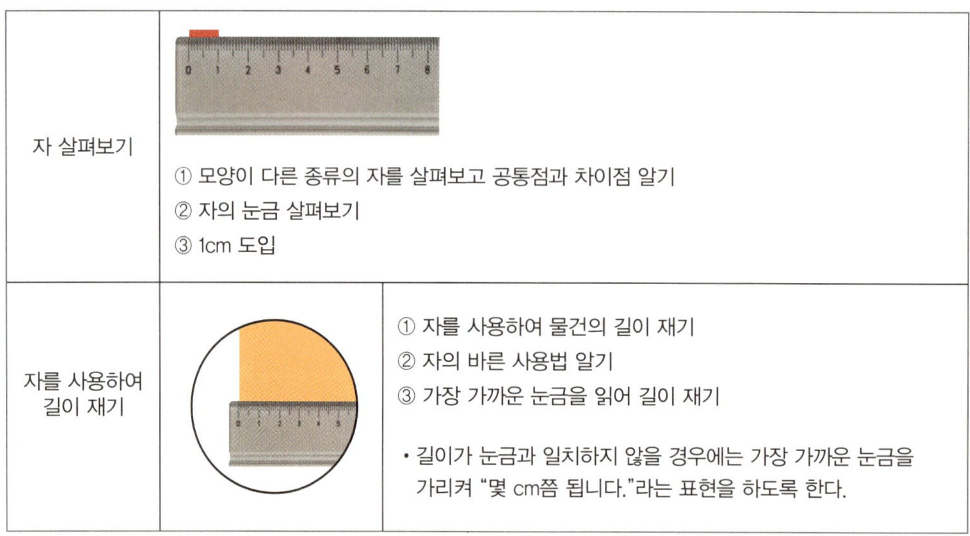

자 살펴보기		① 모양이 다른 종류의 자를 살펴보고 공통점과 차이점 알기 ② 자의 눈금 살펴보기 ③ 1cm 도입
자를 사용하여 길이 재기		① 자를 사용하여 물건의 길이 재기 ② 자의 바른 사용법 알기 ③ 가장 가까운 눈금을 읽어 길이 재기 • 길이가 눈금과 일치하지 않을 경우에는 가장 가까운 눈금을 가리켜 "몇 cm쯤 됩니다."라는 표현을 하도록 한다.

⑤ 길이 어림하기

빨대의 길이를 어림하면서 어림한 길이를 말할 때는 길이 뒤에 아래와 같이 '쯤'이라고 붙여서 말한다.

선분의 길이를 어림할 때 1cm가 몇 개 들어 있는지를 생각하며, 여러 가지 물건의 길이를 그런 식으로 어림해 보게 하는 것도 좋은 방법이다.

어림해 보는 것은 측정을 하기 전에 하는 것이 좋으며, 그런 다음 측정하면 더욱더 관심을 기울여 측정할 수 있다. 이는 아이들의 측정 능력과 측정 감각을 키울 수 있으므로 매우 중요하다.

(3) 길이 재기 2

① m 단위 도입

양팔을 벌렸을 때 양손 끝 사이의 길이를 줄자를 이용하여 재어 보고 몇 cm인지 알아보게 한다. 이때 긴 길이를 나타내기 위해서는 cm보다 더 큰 단위가 필요함을 느끼게 하고 줄자에서 100cm=1m임을 알게 한다.

친구의 키를 재어 키를 100cm와 몇 cm의 합으로 보게 유도한다. 이러한 활동을 바탕으로 다음과 같이 식을 써 가면서 단위를 바꾸는 방법을 알게 한다.

138cm = 1m 38cm

② 길이의 측정값을 어림수로 표현하는 방법 알기

길이의 측정값을 어림하여 '조금 더 된다', '조금 못 된다', '약'이라는 말을 이용해 표현해 보게 한다. 실생활에서는 cm 단위로 길이를 정확하게 표현할 수 없는 경우가 더 많다. 1cm 단위를 사용하여 눈금과 일치하지 않을 때 가장 가까운 눈금을 읽어 길이를 표현하는 방법을 가르쳐 준다.

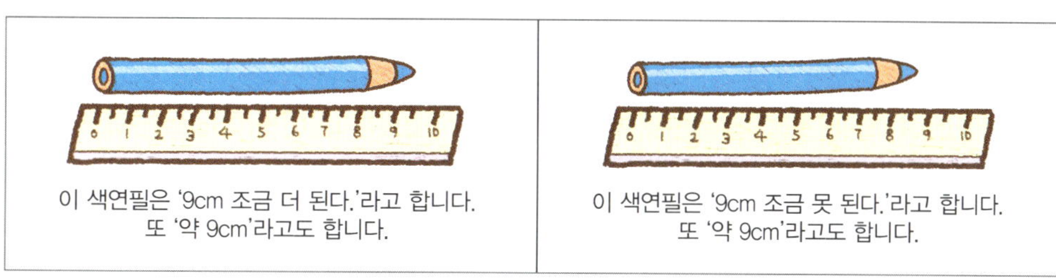

③ 1m 단위로 길이 어림하기

10cm 길이 붙임 딱지 10개를 빈틈없이 이어서 1m 길이를 만들어 보고 주변에서 1m 정도 되는 길이를 찾아보게 하여 1m에 대한 양감을 길러 준다. 이를 바탕으로 주변의 길이를 어림하여 '약 몇 m', '약 몇 m, 몇 cm'로 나타내게 한다.

④ **길이의 합과 차 구하기**

실생활에서 길이의 덧셈과 뺄셈이 이루어지는 경우를 바탕으로 '몇 m, 몇 cm'로 나타낸 두 길이의 합과 차를 구하는 방법을 가르친다. 구체적인 조작 활동을 통해 계산 원리를 이해하고 합과 차를 구하는 방법을 세로 형식으로 나타내어 다음과 같이 계산 방법을 형식화하게 된다.

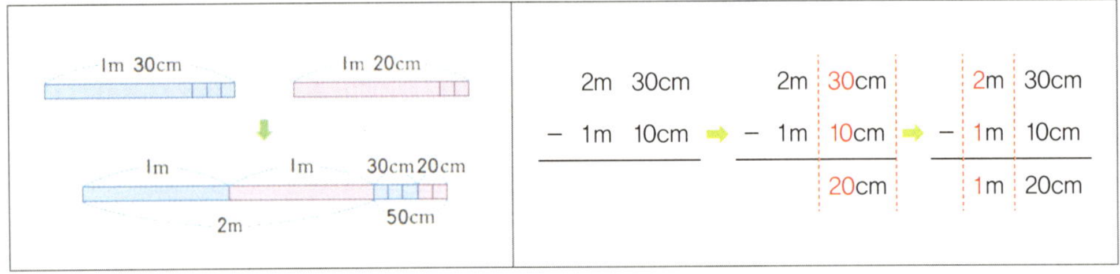

(4) 시계

'몇 시'와 '몇 시 30분'을 알아보고 생활 속에서 활용하기

시계 보기에서 가장 먼저 공부해야 할 것은 시계의 구조를 알아보는 것이다. 1부터 12까지의 숫자가 시계 안에 어떻게 배치되어 있는지를 함께 살펴본다. 그러고 나서 시침과 분침을 관찰해 본다.

'몇 시'에 대하여 함께 알아보고 공통적으로 긴 바늘이 숫자 12를 가리킬 때 '몇 시'로 읽을 수 있음을 함께 관찰하고 얘기한다. 그 다음에는 짧은 바늘이 숫자 8과 9 사이, 긴 바늘이 숫자 6을 가리킬 때 '8시 30분'이라고 읽는다는 것을 확인한다. 9시 30분으로 읽지 않도록 유의한다. 이때 짧은 바늘은 숫자와 숫자 사이에 있음을 알 수 있게 한다. 아이들이 많이 혼란스러워하는 부분이므로 가정에서 모형 시계를 돌려 보면서 차분하게 함께 알아보면 아이가 쉽게 이해할 것이다.

아이와 함께 생활 속에서 시각을 말하게 되는 경우를 함께 생각해 보고, 생활 속에서 아이에게 "몇 시에 밥을 먹자." 또는 "몇 시 30분에 출발하자."라는 식으로 얘기를 해 주면 아이가 시계에 더 관심을 두게 된다.

(5) 시각과 시간 알아보기

① 시각 알아보기

분침을 5분 단위와 1분 단위로 더욱 세밀하게 읽을 수 있게 한다.

짧은 바늘이 숫자와 숫자 사이에 있을 경우에는 지나온 숫자를 '시'로 읽는다는 것을 가르쳐 주고, 시계에서 긴 바늘이 숫자 1, 2, 3,…… 을 가리키면 5분, 10분, 15분,…… 을 나타낸다는 것을 이해하게 한다.

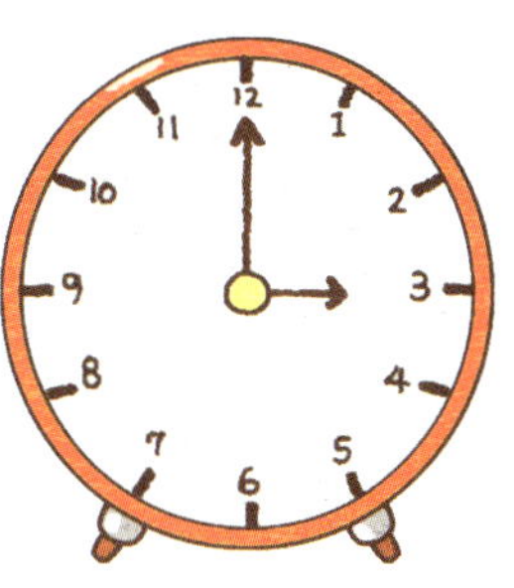

② 시간 알아보기

출발한 시각(6시)과 도착한 시각(6시 40분) 사이의 시간을 구한다. 시간을 뺄셈으로 구하기보다는 시간의 경과를 통해 걸린 시간을 구한다.

긴 바늘이 한 바퀴 도는 데 걸리는 시간이 60분이고, 이것이 1시간임을 이해한 후에 7시부터 8시 50분이 되기까지는 몇 시간 몇 분이 흘렀는지 알아보게 한다.

③ 하루의 시간과 달력

짧은 바늘이 한 바퀴 돌면 12시간이며, 짧은 바늘은 하루에 2바퀴를 돈다. 따라서 하루는 24시간이며, 하루의 시간을 오전과 오후로 나타낼 수 있다는 것을 알게 한다.

이를 바탕으로 달력에서 요일별 순서와 날짜를 알아보고, 같은 요일의 날짜와 7일 전, 7일 후의 날짜와 요일을 찾아보는 학습을 한다. 또한 1주일은 7일이라는 사실을 알고 일주일 전, 일주일 후의 날짜와 요일을 찾아보며, 1년 각 달의 날수를 알아본다.

1. 누가 제대로 잘 재는 걸까?

누가 제대로 잘 잰 것일까? 정답은 경민이다. 엄마들은 아이들이 이런 실수를 할까 싶겠지만 교육 현장에서 보면 5~6학년 아이들도 제대로 못 재는 아이들이 꽤 많다. 자로 물건의 길이를 잴 때 어떻게 재야 하는지 알아보자.

눈금 '0'에 물건의 끝을 두고 잰다

자는 세계의 어떤 자든지 눈금과 눈금 사이의 길이가 같다. 하지만 자마다 0이 시작하는 곳은 같지 않을 수 있다. 또한 자의 모양이 다 직선으로 되어 있는 것은 아니다.

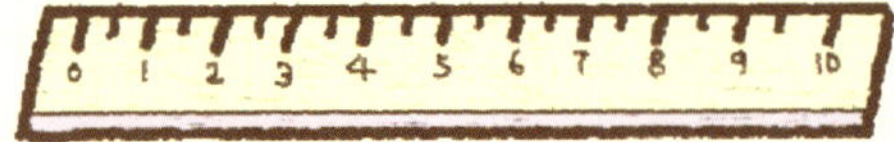

따라서 자의 끝에 대고 물건의 길이를 재면, 자마다 물건의 길이가 달라질 수밖에 없다. 그러므로 자로 물건의 길이를 잴 때는 물건의 한쪽 끝을 자의 눈금 0에 대고, 다른 한쪽의 눈금을 읽으면 된다.

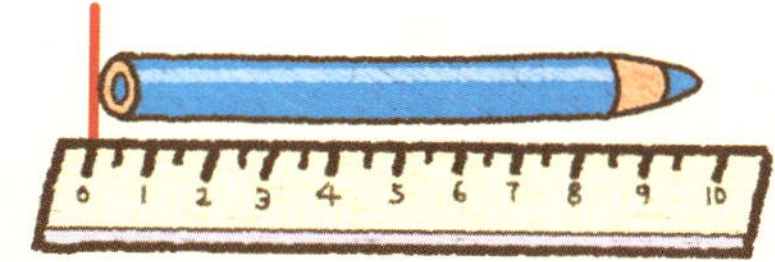

만화에서 홍섭이는 연필의 끝을 자의 끝에 대고 길이를 재었으므로 잘못 잰 것이다.

눈금이 지워진 자로 길이를 잴 때는 어떻게 해야 할까?

눈금 '0'이 지워지면 길이를 잴 수 없는 걸까?
만약 자가 낡아서 눈금 '0'이 보이지 않을 경우에는 어떻게 길이를 재어야 할까?
이때는 시작하는 눈금을 지워지지 않은 눈금에 두고 길이를 재면 된다.
다음 그림으로 자세히 알아보자.

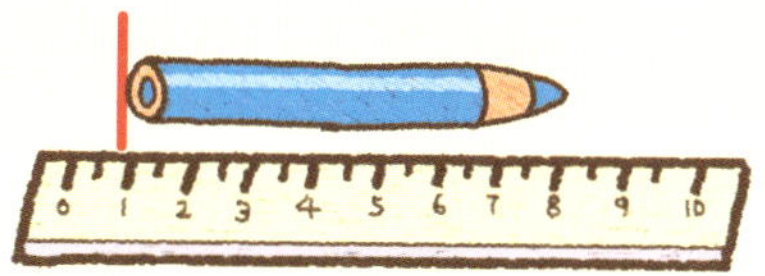

색연필의 오른쪽 끝이 닿은 눈금을 읽어서 8cm라고 읽으면 안 된다. 왜냐하면 색연필의 왼쪽 끝이 눈금 '0'에서 시작하지 않았기 때문이다. 이렇게 눈금을 '0'에서 시작하지 않았을 경우에는 시작한 눈금에서 물건의 다른 한쪽 끝이 닿는 곳까지 1cm 간격의 눈금의 수를 세어 보면 된다. 따라서 색연필의 길이는 1부터 8까지 1cm의 간격이 7칸이므로 7cm가 된다.

2. 시각과 시간은 같을까, 다를까?

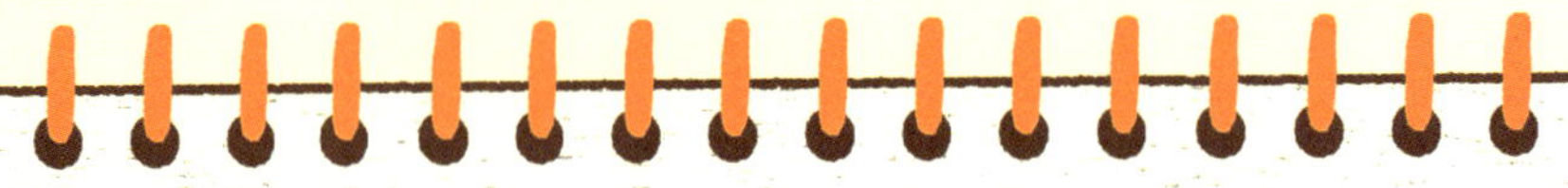

시각과 시간의 차이를 알면 '현재 시간'과 '현재 시각' 중 어느 말이 맞는 표현인지 알 수 있다. 또 우리가 생활에서 자주 혼동해서 쓰는 '시각'과 '시간'이라는 말을 바르게 사용할 수 있게 된다.

숙제를 시작한 시각

숙제를 끝낸 시각

앞의 시계를 보자.

숙제를 시작한 시각은 3시이고, 숙제를 끝낸 시각은 3시 50분이다. 이렇게 우리가 "지금은 몇 시 몇 분이야."라고 말하는 것은 바로 시각을 말하는 것이다. 즉 '시각'은 어떤 순간을 나타낸다.

또한 이 시계에서 숙제를 3시에 시작해서 3시 50분에 끝냈으니, 숙제를 한 시간은 50분이다. 이와 같이 '시간'은 시각과 시각 사이를 말하는 것이다. 즉, 정확히 몇 시 몇 분의 때를 가리키는 것이 '시각'이고, 몇 시 몇 분에서 몇 시 몇 분까지의 동안을 가리키는 것은 '시간'이다.

따라서 일기에서 "현재 시간은 9시입니다."는 틀린 표현이고, "현재 시각은 9시입니다."로 고쳐야 한다.

몇 가지 예를 더 살펴보자.

지금은 공부할 (시간, ⃝시각)이다.

컴퓨터 할 (⃝시간, 시각)이 별로 안 남았다.

한 (⃝시간, 시각) 동안 책을 읽는다.

약속한 (시간, ⃝시각)을 꼭 지켜야 한다.

1. 나만의 측정 도구 만들기

(1) 나만의 자 만들기

· 준비물

두꺼운 도화지를 준비해 가로 길이는 그대로 두고 세로가 5cm 정도 되게 잘라 둔다. 두 가지 색의 단위 모형 조각 여러 개, 가위, 풀, 사인펜

· 만드는 방법

① 엄마가 미리 자의 단위가 될 두 가지 색깔의 종이를 좁게 잘라서 준비한다. 만약 실제 자와 똑같이 만들고 싶다면 1cm의 길이만큼 잘라서 준비해 주면 된다.

② 아이는 자신이 만들 단위 모형의 크기만큼 그 종이를 그대로 사용하거나 잘라서 사용한다.

③ 미리 준비한 두꺼운 도화지의 가장 자리를 따라 단위 종이를 붙인다. 아래 그림과 같이 두 가지 색의 종이를 번갈아 붙인다.

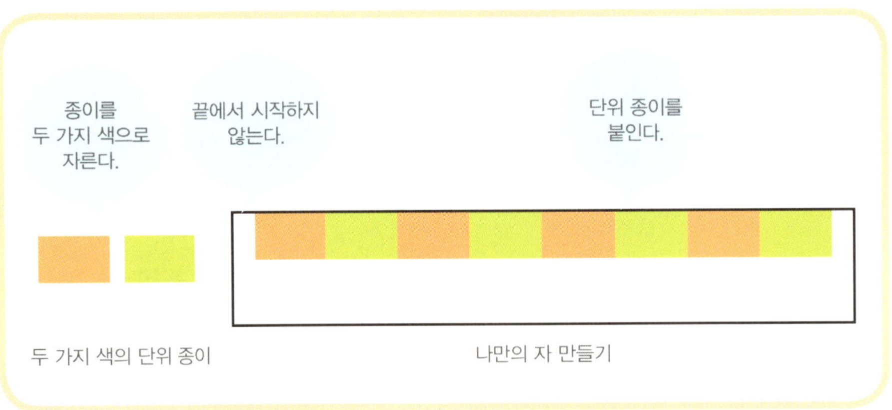

④ 아이들이 자를 만들 때, 두꺼운 도화지의 끝에서부터 시작하지 않도록 한다. 실제로 우리가 사용하는 자도 대부분 눈금이 끝부분부터 시작하지 않는다.

⑤ 아이들이 만든 자에 다음과 같이 숫자를 적어 넣어야 한다. 적힌 숫자가 단위의 개수를 의미한다는 것을 알도록 하기 위해 각 단위의 가운데에 숫자를 적는다.

| 1 | 2 | 3 | 4 | 5 | 6 | 7 | 8 |

• 활용 방법
① 재려는 물건을 정한 후에 먼저 어림을 한다.
② 어림한 후에 아이가 만든 자로 측정한다.

2. 나만의 들이 재기 도구 만들기

• 준비물
투명 플라스틱 컵, 접착테이프, 숟가락, 물, 작은 그릇, 유성 펜

• 만드는 방법
① 투명 플라스틱 컵의 옆면에 테이프를 붙인다.
② 작은 그릇에 물을 몇 숟가락 담아 채운다.
③ 작은 그릇에 담긴 물을 투명 플라스틱 컵에 모두 따른다.
④ 물이 찬 곳에 눈금을 그리고 '1'이라고 적는다.
⑤ 작은 그릇에 다시 물을 채운다. 그 물을 다시 투명 플라스틱 컵에 붓고 물이 찬 곳에 눈금을 그리고 '2'라고 적는다.
⑥ 투명 플라스틱 컵의 꼭대기까지 계속한다.

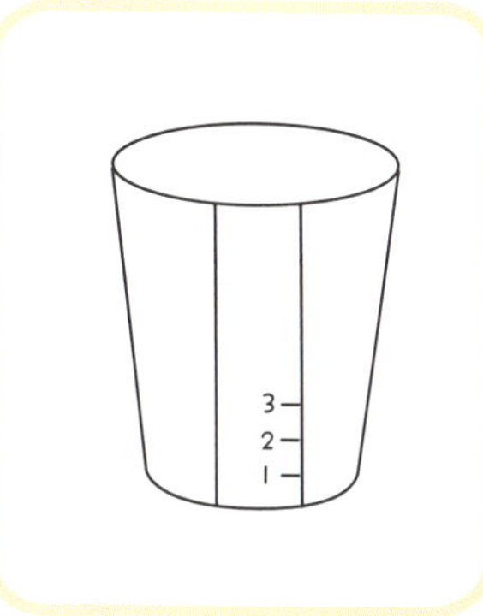

• 활용 방법
① 재어 볼 대상을 정한 후에 먼저 어림을 한다.
② 어림한 후에 아이가 만든 컵을 이용하여 들이를 측정한다.

3. 나만의 저울 만들기

• 준비물

옷걸이, 클립 한 움큼, 빨대, 비닐봉지, 접착테이프, 다양한 물건

• 만드는 방법

① 아이와 함께 옷걸이를 이용하여 간단한 균형 맞추기를 해 보자.

② 옷걸이에 비닐봉지를 (옷걸이에 고리가 없을 경우에는 실과 클립으로 걸어서) 매달아 놓는다.

③ 옷걸이의 가운데에 빨대 윗부분을 접착테이프로 붙여서 고정한다.

④ 아이가 이 기구를 이용하여 서로 다른 물건의 무게를 측정하고 비교하도록 한다.

4. 모래시계 만들기

• 준비물

깨끗한 플라스틱 병(0.5L) 2개, 접착테이프, 모래, 대야(또는 신문지)

• 만드는 방법

① 대야(또는 신문지) 위에 준비물을 놓고 시작한다.

② 두 병 중 첫 번째 병에 모래를 거의 차게 담는다.

③ 두 번째 병을 첫 번째 병 위에 거꾸로 놓는다.

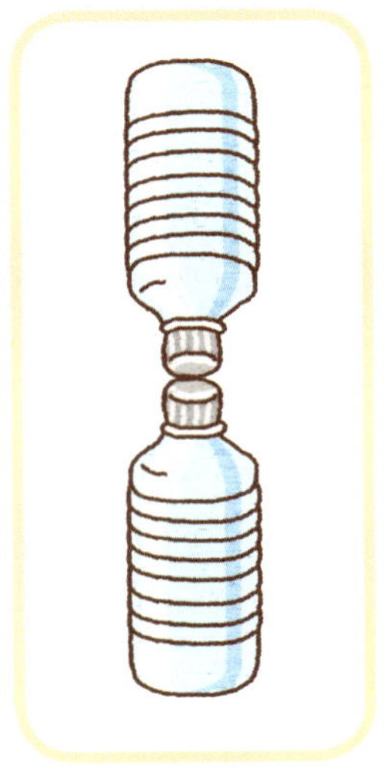

④ 조심스럽게 병들을 거꾸로 하면서, 아이에게 한 병에서 다른 병으로 모래가 이동하는 데 시간이 얼마나 걸리는지 재어 보게 한다.(약 10초 정도 걸릴 것이다.)

⑤ 시간을 조절하기 위해서 두 병 중의 한 병의 입구 크기를 줄여서 모래가 천천히 떨어질 수 있도록 한다. 대부분의 아이들은 두꺼운 종이(또는 다른 재료)를 이용해 만든다.

⑥ 1분 동안 모래가 천천히 떨어지도록 입구를 조절했으면, 2개의 플라스틱 병의 입구를 서로 맞대어 테이프로 붙이고 모래시계를 완성한다.

• 활용 방법

이런 활동은 아이들에게 매우 큰 성취감을 준다. 이제 이 시계로 1분 동안 할 수 있는 일을 적어 보자. 그리고 아이들이나 가족들이 어떤 과제를 수행하는 데 몇 분이 걸리는지 이 모래시계를 뒤집어 가며 잴 수 있다.

예를 들어, 1분 동안 빗금을 몇 개 그릴 수 있는지, 1분 동안 뜀뛰기를 몇 번 할 수 있는지, 숫자 또는 이름을 몇 개 쓸 수 있는지 알아본다. 노래를 부르면서 1분 동안 어디까지 부를 수 있는지도 알아본다. 나중에 아이들이 5분, 30분, 60분 개념을 생각할 때 이 1분에 대한 이해는 매우 중요한 밑바탕이 될 것이다.

5. 우리 몸의 부분 측정하기

다음은 기네스북에 등록되어 있는 우리 몸과 관련된 놀라운 기록들이다. 기록들을 보고 아이 스스로 몸의 각 부분의 길이를 재어 보게 한다.

세계에서 가장 큰 키 : 2m 72cm
세계에서 가장 긴 혀의 길이 : 9.8cm
세계에서 가장 큰 귀의 길이 : 18.1cm
세계에서 가장 긴 손톱의 길이 : 90cm
세계에서 가장 긴 머리카락의 길이 : 5.627m
세계에서 가장 작은 허리 둘레 : 38.1cm (15인치)

참고 사이트(기네스북)
http://www.guinnessworldrecords.com/default.aspx

- **준비물**

  공예 철사(2m), 줄자(150cm), 30cm 자

- **놀이 방법**

① 아이가 줄자와 30cm 자를 이용하여 기네스북에 올라 있는 기록과 자신을 비교하여 측정해 본다.

② 가족들의 몸의 부분 길이를 측정한다.

③ 각 분야별 가족 기네스 우승자를 선정해 본다.

④ 아이가 공예 철사를 자신의 키만큼 잘라 낸다.

⑤ 키만큼 잘라 낸 공예 철사를 반으로 접어서 아이 키의 $\frac{1}{2}$ 이 되는 곳이 어디인지 찾아본다.

⑥ 키만큼 잘라 낸 공예 철사를 대략 $\frac{1}{3}$ 이 되게 접어서 아이 키의 $\frac{1}{3}$ 이 되는 곳이 어디인지 머리를 기준으로, 발바닥을 기준으로 재어 본다.

⑦ 아이의 키만큼 잘라 낸 공예 철사를 대략 $\frac{1}{4}$, $\frac{1}{5}$ 이 되게 접어서 아이 키의 $\frac{1}{4}$, $\frac{1}{5}$ 이 되는 곳이 어디인지 머리를 기준으로, 발바닥을 기준으로 재어 본다.

⑧ 줄자를 이용하여 키와 양팔을 벌린 길이를 재고 그 길이를 비교해 보자.

⑨ 줄자로 머리 둘레, 손목 둘레, 발목 둘레, 목 둘레, 허리 둘레를 재고 그 길이를 비교해 본다.

6. 식물의 성장 측정하기

식물의 성장을 측정하는 일은 시간이 많이 걸린다. 그러나 살아 있는 생물의 성장을 관찰한다는 것은 아이에게 매우 소중한 경험이 된다.

콩의 씨나 수선화 모종 같은 것은 성장에 관한 자료를 제공할 뿐만 아니라 과학과 연계할 수도 있으므로 아이와 함께 한번 꾸준히 가꾸면서 측정해 보기를 권한다.

- **준비물**

  실내에 심을 수 있는 두 가지 종류의 씨앗(콩, 수선화 모종 등)
  배양토, 작은 화분

• 만드는 방법

① 두 종류의 씨앗을 골라서 씨앗을 관찰해 본다.

② 몇 가지 비교를 한다. 종이를 두 칸으로 나누고, 맨 위에 씨앗의 이름을 각각 적는다. 씨앗의 원래 크기를 기록한다.

③ 촉감과 색깔뿐만 아니라 크기와 무게의 차이점도 기록한다.

④ 아이에게 씨앗이 싹트는 데 얼마나 오래 걸릴 것이라고 생각하는지 예상해 보게 한다.

⑤ 두 종류의 씨앗을 심고 화분에 이름을 붙인다.

⑥ 아이와 함께 화분 놓을 곳을 정하고 씨앗이 자라는 데 필요한 햇볕을 쬐고 물을 줄 계획을 세운다.

⑦ 씨앗을 심은 날을 달력에 표시한다.

⑧ 씨앗에 싹이 트면, 달력에 화분의 이름과 일어난 일을 적는다.

⑨ 매일 또는 일주일에 한 번, 일정한 간격으로 아이가 식물의 키를 측정할 수 있도록 한다.

⑩ 두 가지 종류 식물의 '성장 포스터'를 만든다. 포스터를 쉽게 만드는 방법은, 실(아니면 색 테이프)로 재어서 4절지에 측정한 날짜를 쓰고 그 실을 붙이는 것이다. 두 종류의 식물이므로 다른 색깔의 실을 준비하여 다른 성장 포스터를 만들어도 된다. 또는 큰 포스터에 두 가지 식물의 성장 과정을 다른 색 실을 이용하여 나타낼 수도 있다.

⑪ 여러 가지 다양한 실의 길이를 센티미터 자를 이용하여 재어 보고 그 결과를 성장 포스터에 함께 적어도 좋다. 또한 가능하다면 시간이 오래 걸리더라도 아이와 함께 식물의 성장을 꾸준히 관찰하도록 한다. 이를 통해 식물의 한살이도 자연스럽게 배울 수 있으므로 좋은 기회가 될 것이다.

발이 얼마나 큰 거지?

롤프 마일러의 『발이 얼마나 큰 거지?(HOW BIG IS A FOOT?)』라는 책은 발걸음이라는 임의 단위로 물건을 재었을 때 사람마다 발의 크기가 달라서 겪을 수밖에 없는 불편을 알게 한다. 보편 단위의 필요성을 느끼게 하는 재미있는 수학 동화이다.

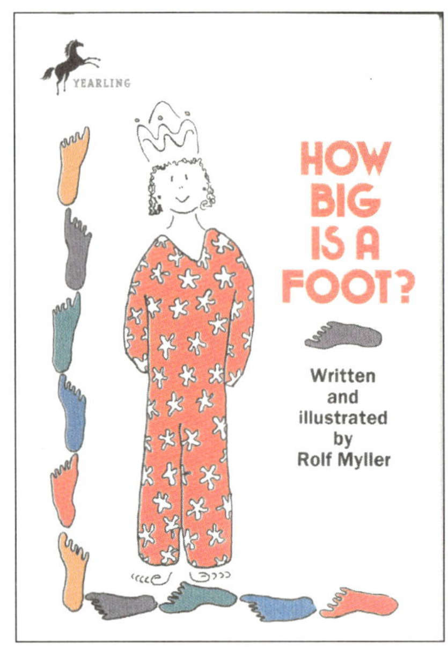

어느 나라 왕이 왕비에게 침대를 만들어 주기 위해 자신의 발로 왕비의 키(왕관까지 포함시켜)를 측정했다. 그래서 왕은 가로로 3걸음, 세로로 6걸음이 되는 침대를 주문했다. 그런데 체구가 작은 목수는 자신의 발걸음으로 재어 침대를 만들었다.

왕비는 실망했고, 왕은 화가 나서 그 목수를 감옥으로 보낸다. 거기서 운 나쁜 목수는 측정에 문제가 있음을 알게 된다. 왕의 발은 목수의 발보다 훨씬 더 크다는 것이 밝혀졌다. 목수는 왕을 설득해 침대를 다시 만들면서 왕의 발을 그려 그것으로 침대 크기를 측정했다. 그

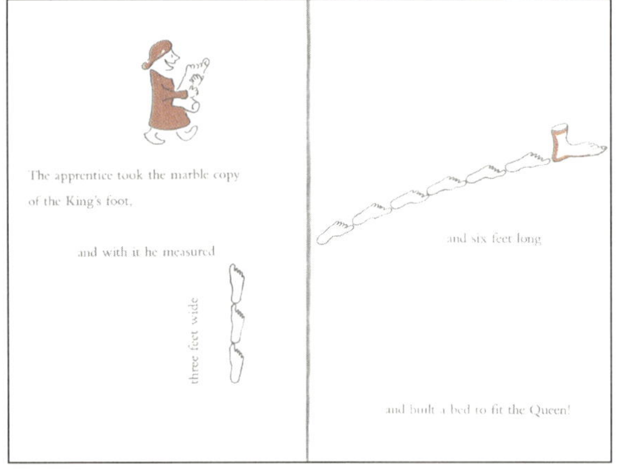

침대는 왕비에게 딱 맞았고, 왕은 그 대가로 목수를 왕자로 삼는다. 그 후로 왕의 발은 무엇을 측정할 일이 있을 때마다 사용되었다는 내용이다.

이 책은 보편 단위의 필요성에 관한 것이지만 이 책을 읽은 아이들이 자신만의 측정 방법을 이용하도록 동기를 부여할 수도 있다. 함께 읽고서 아이와 함께 방의 크기를 발로 잰다면 몇 걸음이 될지 예상해 보고 직접 걸으면서 재어 보자. 엄마도 같이 예상해 보고 측정해 본 다음, 왜 결과가 다른지 이야기를 나눠 보자.

발타자와 함께라면 시간은 정말 쉬워!

수학 그림책인 『발타자와 함께라면 시간은 정말 쉬워!』(청어람미디어)에서는 기차를 타고 올 할아버지를 기다리는 발타자와 함께 시간에 대해 배워 나간다.

시간이 모여 역사가 된다는 것도 가르친다. 또한 몬테소리 정식 교육기관에서 사용되는 '띠 달력' 등을 활용하여 시간과 역사, 그리고 일상생활의 변화를 이해할 수 있게 해 준다.

발타자는 할아버지가 보내 준 편지를 읽으면서 할아버지가 10월 8일 금요일 저녁 6시에 도착한다고 하는데, 시간이 얼마나 지나야 할아버지를 만날 수 있을지 달력에 적는다. 발타자는 모래시계를 통해 3분이라는 시간을 경험하고, 시계를 통해 2시, 3시, 4시 등의 시간을, 직접 태양과 지구가 되어 낮과 밤을 만들어 보면서 1년이라는 시간의 개념을 서서히 알아간다. 또 할아버지와의 대화를 통해 시간이 모여 1년, 2년이 되고 그것이 역사가 된다는 사실도 이해한다. 일상생활 속에서 시간에 대해 생각하는 발타자를 통해 아이들은 자연스럽게 시간 개념을 배울 수 있다.

05

설득하고 예측할 수 있어요

통계와 확률

상위권으로 가는 통계와 확률

상위권으로 가는 통계와 확률

통계와 확률 영역이 수학의 한 부분으로 들어온 역사는 그리 길지 않다. 그 이유는 그것이 학문적 탐구보다는 하나의 도구로 이용되었기 때문이다. 그렇다면 통계와 확률을 가르쳐야 할 이유를 먼저 알아야 올바르게 지도할 수 있을 것이다. 또한 다른 영역과는 달리 아이들에게 교육과정의 내용이 아니라 실생활이나 다른 교과 또는 다른 영역에서 의도하지 않게 등장하기 때문에 가르칠 때 좀 더 각별한 주의가 필요하다.

통계 영역의 시작은 사물의 '분류'에서 시작된다. 실질적으로 우리나라 교육과정이 반영된 교과서에서도 통계의 시작은 '분류'에서 시작되고, 초등학교 1학년부터 가르친다. 하지만 엄밀한 의미에서 아이들은 취학하기 전부터 통계를 접한다.

아이들이 블록을 가지고 놀 때를 생각해 보자. 아이들은 블록을 종류별(모양이나 색깔)로 줄을 세우거나 모으기도 한다. 이때 아이가 색깔별로 블록을 모았다면, 그 아이의 분류 기준은 색인 셈이다.

아이들이 초등학교에 들어가 수학과 과학에서 배우는 것 중에 하나가 분류인데 아이들을 지도하다 보면 아이들이 분류는 잘하면서도 분류 기준이 무엇인지는 제대로 말하지 못하는 경우가 많다.

놀이를 하거나 생활 속에서 엄마가 "왜 이렇게 분류했니?"라고 묻는 것은 아이의 사고 과정에서 잠재적으로 분류 기준을 세워 줄 수 있다.

1. 엄마가 먼저 챙겨야 할 수학 상식

통계를 왜 가르치는가를 생각해 보자. 먼저 통계라는 것은 하나의 설득 도구이다. 우리가 실제 생활에서 통계를 이용하는 예를 보면, 구체적인 자료를 정리해 표로 만들고 분석해 근거 자료로 이용됨을 알 수 있다. 그렇다면 아이들도 설득 도구로서 통계를 이용할 수 있어야 한다.

아래의 상황을 살펴보자.

"이번 운동회때 우리 학년 학생들은 되도록이면 운동복 색을 맞추어 입으려 합니다.
무슨 색 운동복으로 맞추면 좋을까요?"

이 상황에서는 학생들의 운동복 색을 조사해 정리하고, 가장 많은 색의 운동복으로 결정하는 것이 합리적일 것이다.

미래 사건의 예측 = 통계

일기예보는 내일의 날씨 또는 앞으로의 날씨를 미리 알아보기 위해 필요하다. 이러한 일기예보는 지난 수십 년간의 통계 자료를 이용하여 예측하는 것으로 미래 사건을 예측하는 데 쓰이는 통계의 대표적인 모습이다. 그렇다면 아이들에게 통계를 가르칠 때에도 이러한 활동이 포함되어야 한다.

2. 우리 아이 교과서 엿보기

(1) 1학년의 분류 활동

1학년에서는 사물을 간단한 기준에 따라 분류하는 것을 다루고, 2학년에서는 간단한 자료의 크기를 표나 그래프로 나타내는 것을 다룬다. 1학년 교과서에는 통계 영역을 따로 단원으로 설정하고 있지는 않다. 하지만 통계가 이용되는 경우는 많은 곳에서 찾아볼 수 있다. 교실에서 상자 모양, 둥근기둥 모양, 공 모양을 찾아 같은 모양끼리 분류해 보고, 그 개수만큼 붙임 딱지를 붙여 보는 활동을 예로 들어 보자. 예를 들어, 교실 안에 상자 모양이 7개, 둥근기둥 모양이 3개, 공 모양이 2개 있다면 아래와 같이 나타난다.

분류 활동 1		★ ★ ★ ★ ★ ★ ★
		★ ★ ★
		★ ★
분류 활동 2	**|활동 1|** '50까지의 수' 단원에서는 책상 위에 어지럽게 놓여 있는 여러 가지 학용품(연필, 색연필, 색종이, 풀 등)을 어떻게 정리하면 좋을지 생각해 보고 분류해 보도록 한다. 처음으로 아이들에게 '분류'라는 용어가 등장한다.	
	|활동 2| 정리(분류)가 끝난 후, 어떻게 분류했는지 말해 보게 한다. 여기서 '어떻게'의 대답이 바로 분류 기준이 된다. 아이들은 다음과 같이 대답할 수 있다.	
	"같은 것끼리 모았어요." "연필은 연필끼리, 색연필은 색연필끼리 모았어요." 등과 같이 아이들 나름의 분류 기준을 이야기하도록 지도해야 한다. 여기서 학부모는 아이들에게 기준이 무엇인지, 기준에 따라 나눈 것을 분류하는 것을 지도해야 한다.	
	|활동 3| 주어진 여러 가지 물건을 같은 모양끼리 분류하여 붙임 딱지를 붙여 나타내도록 한다. 기준에 따라 분류한 것을 간단한 그래프의 형태로 나타내는 것이다. 여기서의 기준은 '같은 모양'이 된다. 따라서 아이들에게 "기준이 뭘까?"라는 질문을 통해 기준의 의미를 다시 한 번 새겨 보도록 지도해야 한다.	

(2) 분류와 표

분류 활동 1에서 지도할 때 붙임 딱지를 이용하는 것이 무슨 의미가 있느냐는 생각이 들 수도 있겠지만, 이것은 아이들에게 매우 중요한 활동 중의 하나이다. 막대그래프 그리기의 기초가 될 수 있기 때문이다. 막대그래프는 3학년 때 처음 나오지만 이와 같은 활동을 통하여 자료를 분류하고, 붙임 딱지라는 수량화된 단위로 표현해 봄으로써 그래프의 기초를 다질 수 있다.

더 나아가 아이들은 분류한 내용을 알아보기 쉽게 표로 정리하게 된다. 표로 정리하면서 자료를 수량으로 나타내기 위한 학습을 시작하게 된다.

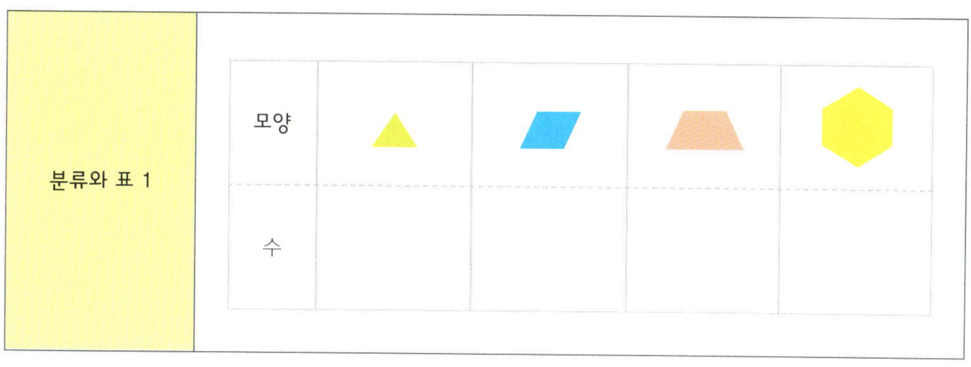

이 활동은 수 세기와 분류 활동을 같이 해 보는 것으로, 학생들이 수를 셀 때 하나씩, 둘씩, 셋씩…… 다양하게 묶어 셀 수 있는 방법을 탐구해 보도록 하고, 수를 센 후 붙임 딱지(그림)가 아닌 수로 표를 완성해 보게 하는 활동이다.

물론 1학년 아이들에게 '표'라는 용어를 가르치지는 않지만, 모양 조각을 보고 위의 형태(표)와 같이 정리하면 훨씬 수월하게 개수를 알아낼 수 있음을 깨닫게 한다.

또한 붙임 딱지로 정리했을 때와 다른 점을 살펴보도록 한다. 붙임 딱지로 나타낸 표는 "몇 개니?"라는 질문에 아이들이 붙임 딱지를 다시 한 번 세어야 알 수 있지만, 수로 정리하면 바로 답할 수 있다는 장점을 알도록 한다.

|활동 1|

표를 만들지 않고, 합이 가장 큰 덧셈식과 차가 가장 큰 뺄셈식을 찾아보도록 한다.

|활동 2|

표를 만들어, 합이 가장 큰 덧셈식과 차가 가장 큰 뺄셈식을 찾아보도록 한다.

(3) 2학년의 분류 활동

2학년 2학기에는 아이들이 다양한 표를 접하게 된다. 여기서 중요한 사항은 아이들이 가로와 세로에 적힌 내용을 이해할 수 있어야 한다는 것이다. 곱셈표를 살펴보자.

×	1	2	3	4	5	6	7	8	9
1									
2		4		8					18
3	3					18			
4			12					32	
5					25				
6							42		
7									
8									
9									

단순히 곱셈표를 완성하는 것에서 학습이 끝나는 것이 아니라 '18'이라는 수는 가로축의 '6'과 왼쪽 세로축의 '3'이 만나 '6×3'이 된다는 사실을 짚고 넘어가야 한다. 이는 앞으로 학습하게 될 그래프에서 가로축과 세로축을 이해하는 데 밑바탕이 되는 학습이다.

2학년에서는 다양한 표를 학습하면서 표가 나올 때마다 엄마가 아이와 표를 해석하는 대화를 하는 것이 앞으로 학습하게 될 통계의 밑거름이 된다는 것을 잊지 말아야 한다.

표와 그래프는 다양한 자료를 가지고 지도하는 것도 효과적이지만, 표와 그래프의 해석을 어려워하는 아이에게는 하나의 자료로 다양한 형식의 표와 그래프를 만들어 보게 하는 것이 좋다.

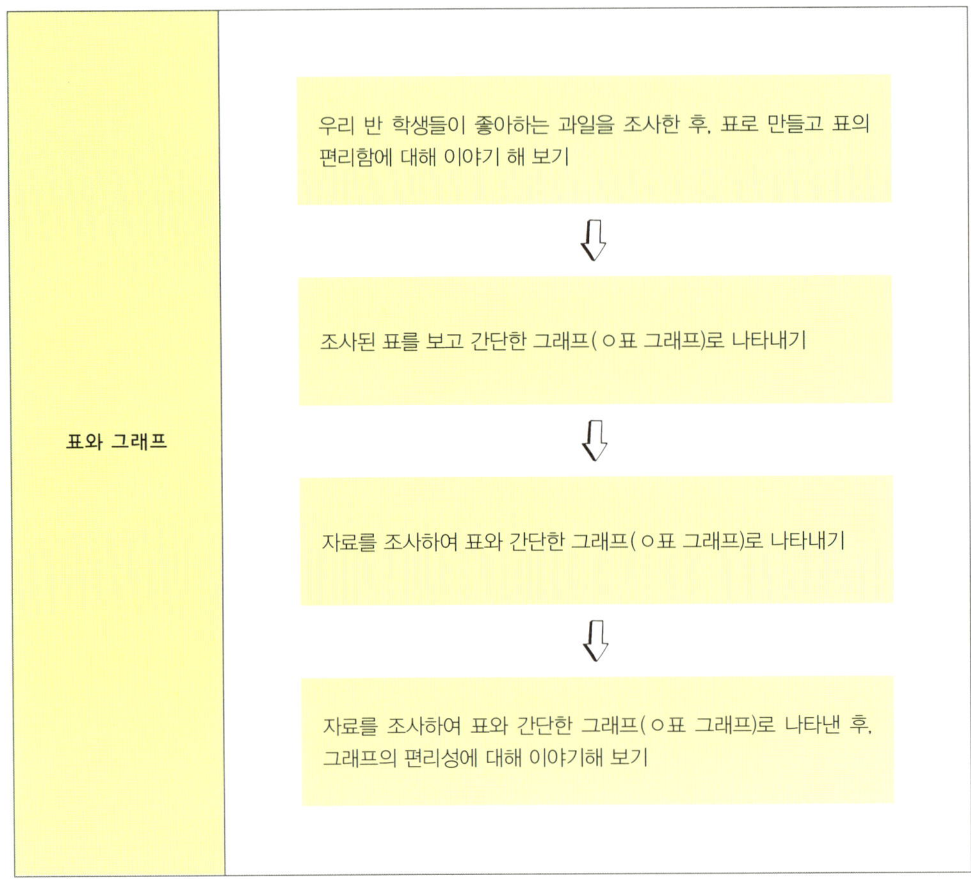

비슷해 보이는 활동이지만 활동에 대한 목적이 분명히 다름을 알 수 있다. 목적에 따라 양의 크고 작음을 비교하거나, 그림으로 주어진 자료를 수를 이용해 정리하거나, 곱셈구구와 같이 많은 양의 자료를 간단히 정리하는 활동 등으로 나눌 수 있다. 여기서 중요한 점은 '표의 편리성' 이나 '그래프의 편리성'을 이야기할 때, 정리되지 않은 자료(분류와 표 2의 그림 자료와 같은)와 비교하여 표와 그래프가 편리하다는 것을 아이들이 직접 알아낼 수 있도록 해야 한다.

표와 그래프의 설명 부족

통계 영역에서 초등학교 저학년 아이들은 표의 개념과 편리성, 그래프의 개념과 편리성을 위주로 배운다. 하지만 이는 통계를 배우기 위한 기초 단계로 배우는 것이지 통계의 주된 내용은 아니다. 또한 암묵적으로 아이들이 알고 있다는 전제 하에 표와 그래프를 교과서에 도입하고 있는 실정이다. 하지만 고학년으로 올라가서 표와 그래프를 실제로 그려 보게 될 때 많은 아이들이 표와 그래프를 제대로 그리지 못한다. 다음의 경우를 알아보자.

아래는 어느 반 학생들이 좋아하는 색을 조사하여 표로 나타낸 것이다.

빨간색	노란색	초록색	파란색	분홍색	검은색	흰색
6	2	4	5	3	1	3

다음은 위의 표를 간단한 그래프(○표 그래프)로 나타낸 것이다.

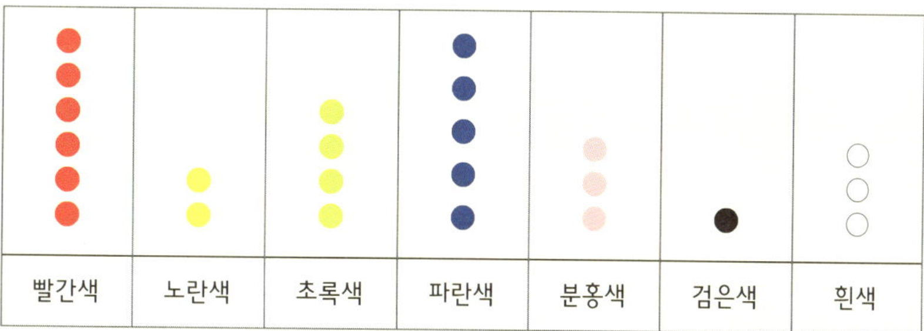

빨간색	노란색	초록색	파란색	분홍색	검은색	흰색

위의 표와 그래프에서 아이들이 잘못 생각한 부분을 찾아보자.

① 위의 표 아랫줄에서 '색'이 아니라 '아이들 수(명)'여야 한다.

② 아래 그래프에서 세로축이 무엇을 나타내는지 표시되어 있지 않다.

③ 빨간색을 좋아하는 학생이 6명, 파란색을 좋아하는 학생이 5명인데 높이가 같다.

먼저 ①과 같은 실수는 표를 볼 때, 각 줄이 나타내는 것이 무엇인지 짚고 넘어가지 않았기 때문에 나타난다. 특히 교과서에는 모든 표의 각 줄에 이름이 적혀 있기 때문에 무심코 지나치며 소홀히 한 것이다. 아이들에게 표를 직접 만들어 보게 하여 몇 줄, 몇 칸으로 그려야 할지, 그리고 각 줄과 칸에는 어떤 내용이 들어갈지 생각해 보게 해야 한다.

②, ③과 같은 실수는 그래프의 해석을 소홀히 한 경우이다. 물론 그래프의 해석은 초등학교 3~4학 때부터 배우지만, 2학년 때부터 그래프를 볼 때 세로의 숫자들이 무엇을 나타내는지 제대로 알아 놓아야 나중에 실수하지 않는다.

엄마, 우리 수학 놀이 해요!

1. 분류 활동 – 같은 것끼리 모아 보기

• 준비물

집에 있는 여러 가지 장난감, 접착 메모지

• 놀이 방법

① 집에 아이들의 장난감을 늘어놓는다. 이때 아이들이 세운 기준에 따라 분류할 수 있는 장난감을 준비한다.

② 아이와 함께 장난감에 이름이 적힌 접착 메모지를 붙여 놓는다. 아이가 직접 이름을 적어 붙인다.

③ 아이와 함께 장난감을 분류해 본다. 아이들이 처음에는 일정한 기준 없이 분류할 수도 있다. 엄마는 "이건 왜 여기 있는 거야?"와 같이 물어본다.

④ 분류된 장난감을 분류 기준과 함께 표로 만들어 본다. 아이와 함께 이야기하며 표로 만든다. 처음에는 줄이 없는 상태에서 수를 써넣고, 그러고 나서 선을 긋고 이름을 써넣는다.

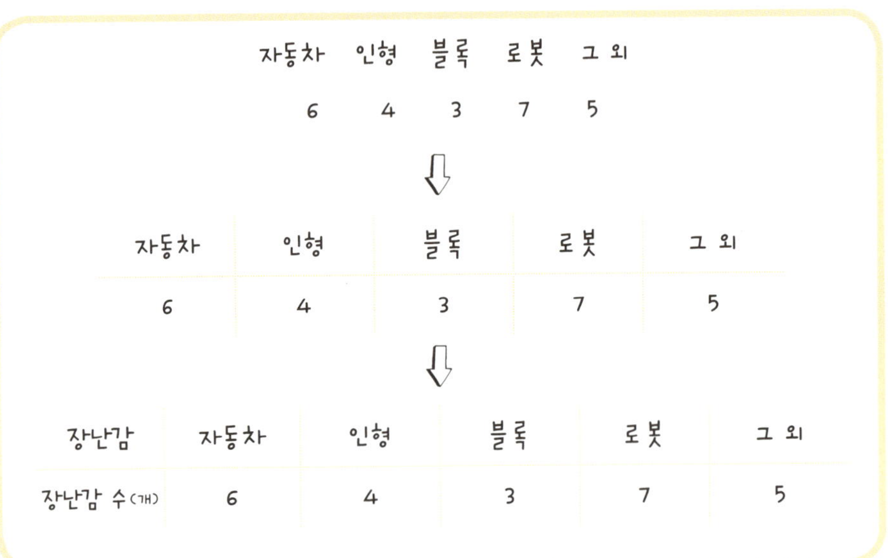

자동차	인형	블록	로봇	그 외
6	4	3	7	5

장난감	자동차	인형	블록	로봇	그 외
장난감 수(개)	6	4	3	7	5

⑤ 장난감에 붙어 있는 접착 메모지를 떼어 그래프로 나타내 본다. 접착 메모지를 이용하여 그래프로 나타내면 아이들이 막대그래프 만들기를 경험적으로 체득하게 된다.

2. 분류와 표 – 우리 학교 급식

대부분의 학교에서는 아이들 급식 안내문이 나온다. 이는 아이들이 실생활에서 분류해 보고
표로 만들어 볼 수 있는 좋은 자료가 된다.

• 준비물
학교에서 나누어 주는 급식 안내문

• 놀이 방법
① 매월 말이나 초에 나누어 주는 급식 안내문을 아이와 함께 읽어 본다. 아이 나름대로 분류
　 기준을 세워 보게 한다.
② 먼저 아이에게 "네가 좋아하는 반찬은 뭐야?"와 같은 질문을 통해 아이가 좋아하는 반찬과
　 싫어하는 반찬을 분류해 보게 한다.
③ 분류할 수 있는 방법을 아이와 이야기해 본다. 아이 나름대로 분류 기준을 세워 보게 한다.
　 – 좋아하는 반찬 / 싫어하는 반찬
　 – 만든 재료에 따라 육류 / 어류 / 채소
④ 아이가 분류한 내용을 간단히 알아볼 수 있는 방법에는 어떤 방법이 있는지 생각해 본다.
　 아이와 함께 표의 편리성에 대해 이야기해 본다.
⑤ 표로 나타낸 내용을 간단한 그래프(ㅇ표 그래프)로 표현해 본다.

2009년 3월	월간식단표	음식물을 남김 없이……
★ 본 소식지는 OO초등학교 3월 식단표입니다. ★		

3월 2일(월)	3월 3일(화)	3월 4일(수)	3월 5일(목)	3월 6일(금)
기장밥 감자수제비 콩나물무침 오삼불고기 겉절이	보리밥 냉이된장국 두부와 볶은김치 감자메추리알조림 쑥갓오이무침	야채비빔밥 계란국 과일샐러드 배추김치	수수밥 동태무국 비빔만두 김무침 배추김치	차조밥 청국장 미역무무침 안동찜닭 배추김치
3월 9일(월)	3월 10일(화)	3월 11일(수)	3월 12일(목)	3월 13일(금)
흑미밥 쇠고기미역국 고등어무조림 탕평채 배추김치	옥수수밥 어묵다시마국 돼지고기불고기 시금치나물 봄동겉절이	김치볶음밥 콩나물국 도넛 요구르트 단무지	보리밥 쇠고기당면국 두부조림 돌나물무침 배추김치	수수밥 아욱된장국 오징어오이무침 가지나물 배추김치

3월 16일(월)	3월 17일(화)	3월 18일(수)	3월 19일(목)	3월 20일(금)
차조밥 북어무국 김치잡채 동태전 달래오이무침	수수밥 떡만두국 애호박볶음 참나물무침 겉절이	카레라이스 콩나물국 딸기 배추김치	기장밥 시금치된장국 수육과 레몬무쌈 감자전 배추김치	보리밥 순두부국 순살치킨 취나물무침 배추김치
3월 23일(월)	3월 24일(화)	3월 25일(수)	3월 26일(목)	3월 27일(금)
수수밥 감자탕 계란장조림 쫄면야채무침 배추김치	흑미밥 참치김치국 야채떡볶이 새송이볶음 배추김치	자장밥 아욱된장국 고구마핫케익 요구르트 배추김치	보리밥 쇠고기육개장 연두부와 간장 호박전 배추김치	기장밥 야채된장국 미역줄기볶음 닭살굴소스조림배추 김치
3월 30일(월)	3월 31일(화)			
검정콩밥 오징어무국 김치스파게티 참나물무침 배추김치	차조밥 팽이버섯된장국 탕수육과 소스 상추겉절이 배추김치			

3. 표와 그래프, 그리고 확률 – 주사위 놀이

주사위는 가장 흔하게 접할 수 있는 수학 교구로, 다양한 놀이를 할 수 있다. 아래의 놀이는 1학년 학생들이 주사위 2개를 던져 나온 합을 구해 보고 표로 정리하는 놀이이다. 이 놀이를 통해 아이들은 확률 개념을 느껴 볼 수 있다.

• 준비물
주사위 2개

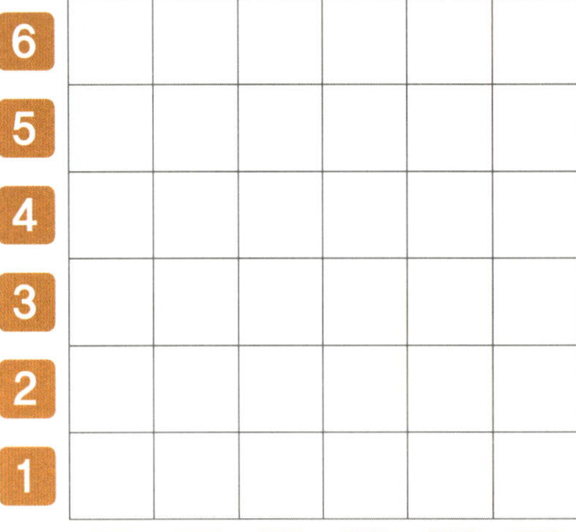

• 놀이 방법

① 주사위 2개를 던져 나올 수 있는 수의 합은 무엇인지 알아본다. 실제로 몇 번을 던져 보고, 합을 구해 적는다.

② 주사위 2개를 던져 나올 수 있는 합의 가짓수를 알아본다. 오른쪽의 표를 보고, 표가 무엇을 나타내는지 생각해 보게 한다. 가로축과 세로축에 적혀 있는 수가 무엇을 나타내는지 아이에게 물어본다. 빈칸에는 무엇을 적어야 할지 생각해 보게 한다.

③ 왼쪽 표에 주사위 2개를 던져 나올 수 있는 수의 합을 구해 적어 본다. 아이가 직접 덧셈 식을 적어 가며 합을 구해 적도록 한다.

④ 표에 합을 다 적은 후에는 합이 같은 것에는 같은 색을 칠해 본다. 색을 칠한 후 가장 많은 색은 무엇인지 찾아보게 한다. 가장 많은 색은 무엇을 의미하는지 아이와 이야기해 본다.

⑤ 실제로 아이와 번갈아 가며, 주사위 2개를 20번 정도 던져 합을 구하면서 아래와 같은 그래프를 만들어 본다.

2	3	4	5	6	7	8	9	10	11	12
1+1=2	2+1=3	2+2=4	1+4=5	5+1=6	3+4=7	2+6=8	3+6=9	6+4=10	5+6=11	6+6=12
1+1=2	1+2=3	3+1=4	3+2=5	2+4=6	4+3=7	4+4=8	6+3=9	5+5=10	5+6=11	6+6=12
1+1=2	1+2=3	1+3=4	4+1=5	4+2=6	5+2=7	2+6=8	5+4=9	6+4=10	6+5=11	
	2+1=3	3+1=4	4+1=5	3+3=6	2+5=7	6+2=8	3+6=9	4+6=10		
	1+2=3	1+3=4	3+2=5	1+5=6	6+1=7	3+5=8	6+3=9	5+5=10		
		3+1=4	1+4=5	3+3=6	4+3=7	6+2=8	6+3=9	6+4=10		
				2+4=6	5+2=7	5+3=8	5+4=9	4+6=10		
				4+2=6	2+5=7	4+4=8		5+5=10		
				3+3=6	3+4=7	6+2=8				
					4+3=7	3+5=8				

⑥ 아이가 위의 표와 그래프의 관계를 생각해 보게 한다.

4. 주사위를 굴려라

이 놀이는 앞에 나온 주사위 놀이의 연장선상에서 같이 진행하면 더욱 좋다. 이 놀이를 통해 통계라는 것이 미래의 사건을 예측하는 도구임을 느끼게 할 수 있다.

• 준비물
숫자 카드 : 2~12까지 11장, 약간의 과자

6	7	8	9	10	11	12
5	6	7	8	9	10	11
4	5	6	7	8	9	10
3	4	5	6	7	8	9
2	3	4	5	6	7	8
1	2	3	4	5	6	7
	1	**2**	**3**	**4**	**5**	**6**

• 놀이 방법
① 아이와 엄마는 위의 표를 완성한 후 주사위 2개를 던져 나올 수 있는 수로 숫자 카드를 만든다.

② 숫자 카드 중 한 장씩을 택한다. 그런 다음 주사위 2개를 번갈아 던져 카드 숫자가 먼저 나온 사람이 과자 한 개를 먹는다.
③ 한 번의 놀이가 끝나면 카드를 바꿀 수 있으며, 원한다면 바꾸지 않을 수도 있다.
④ 놀이를 여러 번 한 후, 어떤 카드를 선택하는 것이 자신에게 유리한지 생각해 보게 한다. 이때 표와 연관 지어 생각하도록 지도한다.

5. 수학 교구를 활용한 수학 지도

(1) 연결큐브

연결큐브는 통계뿐만 아니라 수와 연산, 측정에도 많이 이용되는 교구이다. 다른 말로 스냅큐브라고 하기도 한다. 크기는 1cm짜리와 2cm짜리가 있다.

• 연결큐브의 활용

① 물건의 종류별로 같은 개수만큼 같은 색 연결큐브를 연결해 놓고 연결큐브의 길이를 비교한다.

② 연결큐브를 나란히 세워 놓으면 막대그래프가 될 수 있다.

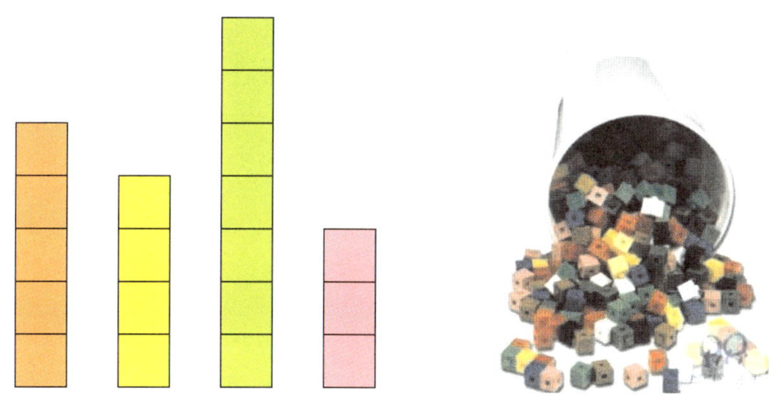

(2) 모눈종이

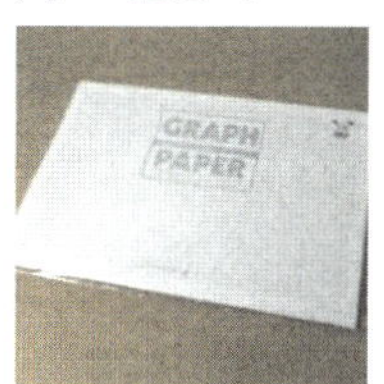

모눈종이는 방안지 또는 그래프 페이퍼라고도 한다. 초등학교 저학년 때는 A4 크기보다는 A3 크기의 모눈종이가 많이 쓰인다. 모눈종이로 아이들과 함께 다양한 막대그래프를 표현해 볼 수 있다.

　원시인들은 자신들이 잡아온 사냥감이나 채취한 열매의 수량을 기록할 방법이 없었다. 숫자가 없었기 때문이다. 숫자가 없으니 그림으로밖에 기록할 방법이 없어서 아래 그림과 같이 벽에 동물이나 열매의 그림을 그려 나타냈다. 그림을 자세히 보면, 우리가 교과서에서 보던 그림 그래프와 비슷함을 알 수 있다.

　저학년 학생들은 읽기보다는 듣기를 더욱 좋아한다. 따라서 학부모가 아이에게 위와 같은 자료를 보여 주고 설명하면서 숫자 대신 그림으로 수를 나타낼 수 있음을 알게 하고 그 편리함을 생각해 보게 하면 효과적이다.

　이야기를 통한 수학 교육은 아직 우리나라에서는 걸음마 단계이지만, 아이들이 수학을 거부감 없이 받아들일 수 있게 하는 좋은 방법이다. 따라서 아이들과 함께 이야기를 읽으며 그 내용 속에 나오는 수학을 학습할 기회를 마련해 주는 것이 필요하다.

06

규칙성을 이해하면 추론력도 튼튼해져요

규칙과 문제 해결

1. 규칙성 잘 찾기
2. 알고 보면 쉬운 문제 해결

1. 규칙성 잘 찾기

규칙성을 잘 찾아내는 아이들은 먼저 알고 있던 규칙을 이용하여 새로운 것을 찾아낼 수 있다. 많은 것을 알려고 하기보다는 그 속에 담긴 규칙을 이해하고 새로운 상황에 응용할 수 있게 된다. 초등 수학에서는 수학적 추론의 기초가 되는 규칙성 찾기가 강조된다. 또한 규칙성의 이해는 고학년에서 배우게 될 '함수'와 '대수'의 기초가 된다는 점에서 중요하다.

1. 엄마가 먼저 챙겨야 할 수학 상식

(1) 반복하는 규칙

□△□△□△……, 123123123…… 과 같이 기본 단위가 그대로 유지되면서 되풀이되는 규칙을 반복하는 규칙이라고 한다. 간단한 도형, 색, 개수, 숫자로 반복하

는 규칙을 만들 수 있다.

(2) 증가하는 규칙

□△□△△□△△△□△△△△ ……, 0100110001110001111…… 과 같이 기본 단위의 수가 증가하거나 변화하는 규칙을 말한다. 증가하는 규칙을 잘 이해하기 위해서는 반복 단위를 끊어 보는 연습이 필요하다.

2. 우리 아이 교과서 엿보기

규칙성 찾기는 수와 연산, 도형, 문제 해결 등을 소재로 하기 때문에 한 단원으로 구성되지 않고, 교과서의 여러 영역에 걸쳐 있다. 그러나 규칙성에도 내용의 계열성이 있으며 교과서는 이 계열성을 고려하여 학년별 활동을 담고 있다.

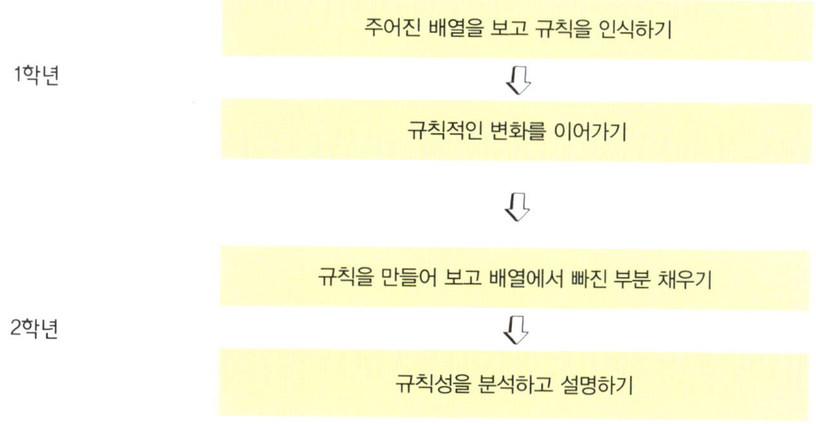

(1) 동작의 규칙 찾기

1학년에서 처음으로 나오는 규칙성 활동은 동작에서 규칙을 찾는 것이다. 아이들은 교사의 동작을 따라 하면서 규칙을 몸으로 느끼게 되는데, 아이들이 몸을 직접 움직이기 때문에 즐겁게 참여하면서 규칙성을 이해하게 된다. 동작을 따라 하는 활동에서 나아가 아이들이 동작의 규칙을 만들어 다른 친구들을 따라 하도록 하면 학습 효과가 커진다.

동작을 흉내 내는 말을 함께 소리 내어 표현하면 아이들이 규칙을 좀 더 쉽게 찾을 수 있다. 다른 방법으로, 흉내 내는 말 대신 숫자로 1-박수, 2-만세 등과 같이 숫자와 연결해 동작을 나타내는 것도 규칙을 좀 더 쉽게 찾을 수 있게 도와준다.

(2) 도형의 규칙 찾기

1학년에서는 입체 도형과 평면 도형의 배열을 보고 반복하는 규칙을 찾는다. 2학년에서는 도형의 배열에서 증가하는 규칙을 찾으며, 규칙을 기호로 나타내 보게 한다. 도형은 세모, 네모, 동그라미 등 두세 가지 종류가 반복되기 때문에 수를 아직 배우지 않은 아이들도 쉽게 규칙을 찾을 수 있다는 장점이 있다.

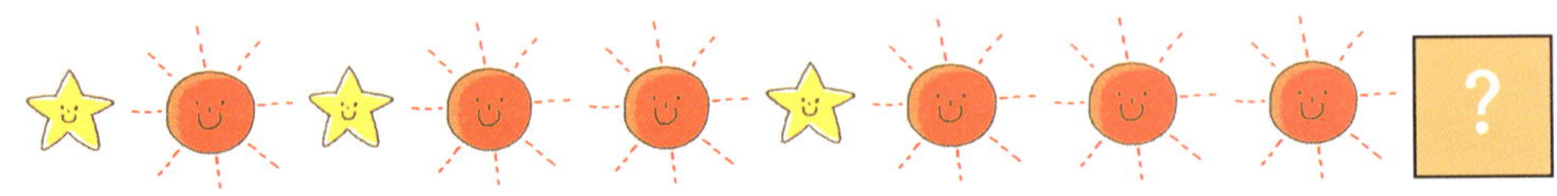

아이들이 자연스럽게 도형의 수가 증가한다는 것을 느낄 수 있도록, 배열한 도형의 색깔이나 크기를 다르게 하면 아이들이 한눈에 규칙을 알아볼 수 있다.

도형 규칙을 기호로 나타내기

2학년에서 다루는 이 내용은 규칙을 기호로 나타내는, 추상적인 이해가 필요한 과정이다. 1~2학년 아이들의 인식 수준에서는 규칙을 기호로 연결 짓는 것을 어려워하기 때문에 동그라미나 원과 같은 기호보다는 1, 2와 같은 간단한 숫자로 나타내는 것이 더 효과적이다.

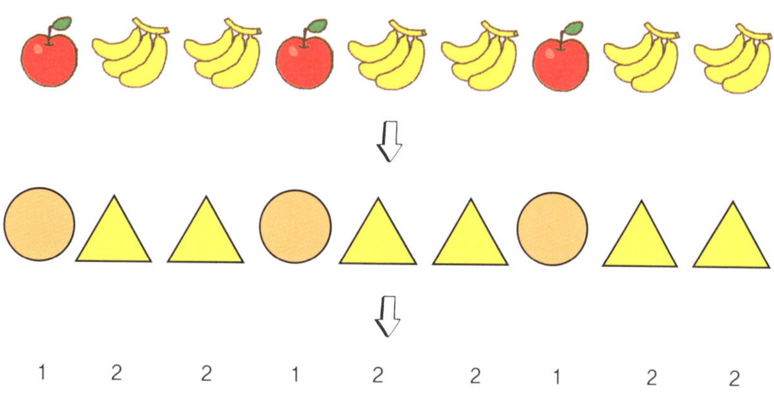

(3) 수의 규칙 찾기

수 배열표의 규칙 찾기

2학년에서 1부터 100까지의 수가 적힌 수 배열표에서 가로, 세로, 대각선의 증가 규칙을 찾고 규칙을 설명하는 과정이다. 일의 자리와 십의 자리 수의 변화를 통해 수 체계에 대한 이해 수준을 높여 줄 수 있다.

0	1	2	3	4	5	6	7	8	9
10	11	12	13	14	15	16	17	18	19
20	21	22	23	24	25	26	27	28	29
30	31	32	33	34	35	36	37	38	39
40	41	42	43	44	45	46	47	48	49
50	51	52	53	54	55	56	57	58	59
60	61	62	63	64	65	66	67	68	69
70	71	72	73	74	75	76	77	78	79
80	81	82	83	84	85	86	87	88	89
90	91	92	93	94	95	96	97	98	99

가로로 한 칸씩 읽어 보게 하자. 어떤 규칙을 찾을 수 있을까? (1씩 커진다.)

세로로 한 칸씩 읽어 보게 하자. 어떤 규칙을 찾을 수 있을까? (10씩 커진다.)

가로로 두 칸씩 건너 읽어 보게 하자. 어떤 규칙을 찾을 수 있을까? (2씩 커진다.)

세로로 두 칸씩 건너 읽어 보게 하자. 어떤 규칙을 찾을 수 있을까? (20씩 커진다.)

오른쪽으로 한 칸, 아래로 한 칸 내려가면서 수를 읽어 보게 하자. 어떤 규칙을 찾을 수 있을까? (11씩 커진다.)

집에서 수 배열표를 가르치려면 각각의 수 카드를 붙였다 떼었다 할 수 있는 판을 만드는 것이 효과적이다. 수 배열표는 규칙성 찾기뿐만 아니라 수의 자리 수 이해, 덧셈과 뺄셈, 곱셈에도 이용되기 때문에 계속 사용할 수 있게 만들어 놓으면 아이들의 다양한 활동에 활용할 수 있다.

- 중간에 몇 개의 수를 비워 놓고 규칙을 이용하여
  빈칸 채우기
- 첫 줄만 채워 놓고 다음 줄 채우기
- 첫 칸만 채워 놓고 다음 칸 채우기
- 중간에 몇 개의 수만 붙여 놓고 나머지 채우기

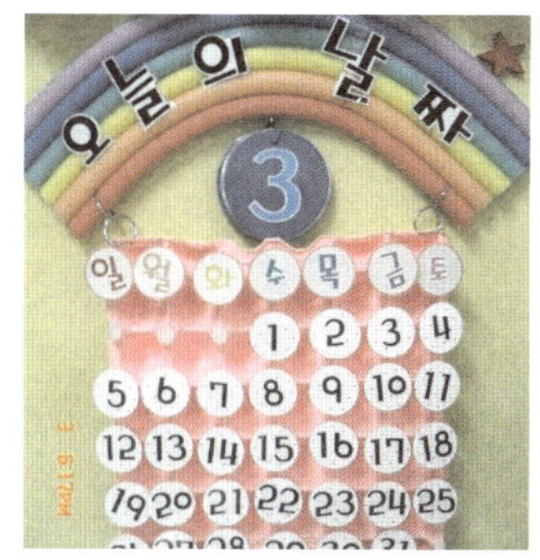

(4) 규칙 찾기를 이용해 문제 해결하기

2학년 2학기에서는 규칙 찾기를 문제 해결에 이용한다. 초기 단계에서부터 규칙을 찾아 말이나 글, 기호로 나타내는 습관을 들이도록 지도해 보자.

다음 그림에서 규칙을 찾기 위해서는 몇 개마다 같은 색이 반복되는지를 파악하는 것이 중요하다. 아래 문제를 해결하기 위해서는 4개마다 반복되는 규칙을 찾아야 하고, 열째 번은 4개씩 끊었을 때 몇 개가 남는지를 알아야 쉽게 해결할 수 있다.

- 첫째 번에 켜지는 전구의 색깔은?

- 둘째 번에 켜지는 전구의 색깔은?

- 셋째 번에 켜지는 전구의 색깔은?

- 넷째 번에 켜지는 전구의 색깔은?

- 다섯째 번에 켜지는 전구의 색깔은?

- 전구의 색깔이 변하는 규칙은 무엇입니까?

- 열째 번에 켜지는 전구의 색깔은?

그림에서 찾을 수 있는 규칙을 말해 보세요.

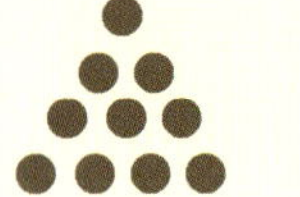

"1, 3, 5, 7, 9……로 늘어나요."

첫째 번과 둘째 번 그림만 세어서 일반화하는 경우이다. 이런 경우는 셋째 번과 넷째 번에 있는 구슬의 수를 모두 세어서 오류를 확인하게 한다.

"1, 3, 6, 10, 14, 18, 22……로 늘어나요."

그림에 나타난 것은 정확히 세지만 그 이후에 나타나는 것은 6개에서 10개로 4개가 늘어난 규칙을 적용하여 18, 22, 26으로 커질 것이라고 예상하는 경우이다. 이 경우는 그림에서 구슬이 늘어난 부분을 찾아 수를 세어 보게 하여 늘어나는 개수가 증가하고 있음을 알게 해야 한다.

"2, 3, 4, 5, 6……으로 늘어나요."

구슬이 늘어나는 양을 수로 나타내는 경우로, 이 경우에는 구슬 개수와 증가량을 나타내는 표를 만들어 두 가지 수가 다른 것임을 이해하도록 해야 한다.

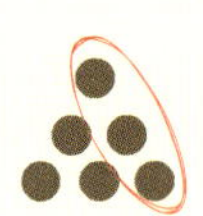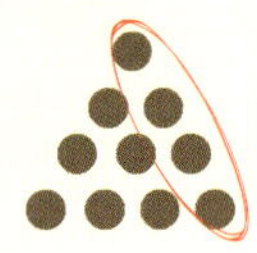

아이들은 반복하는 규칙을 쉽게 파악하지만 증가하는 규칙은 잘 파악하지 못한다. 특히 다음과 같은 규칙은 '증가량이 증가하는' 규칙이 있어서 아이들이 쉽게 찾아내지 못한다. 이와 같은 규칙은 구체물을 이용하여 실제로 배열해 보고, 그 수를 표로 만들어 설명하면 효과적이다.

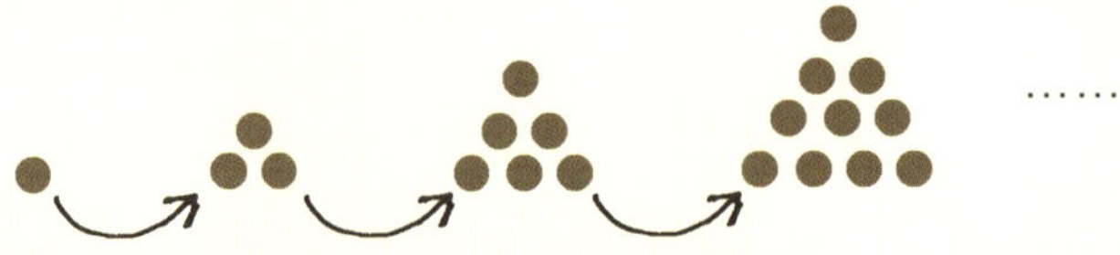

	첫째 번	둘째 번	셋째 번	넷째 번
구슬의 개수	1	3	6	10
증가량		+2	+3	+4

1. 프랙털 카드 만들기

프랙털이란 작은 구조가 전체 구조와 같은 모양으로 반복적으로 나타나는 것을 말한다. 프랙털 구조를 이용하여 입체 카드를 만들어 보면서 반복되는 규칙을 이해하고, 또한 그 결과물을 카드로 활용할 수도 있다.

• 준비물
색 켄트지(2장), 가위, 풀, 사인펜

• 만드는 방법

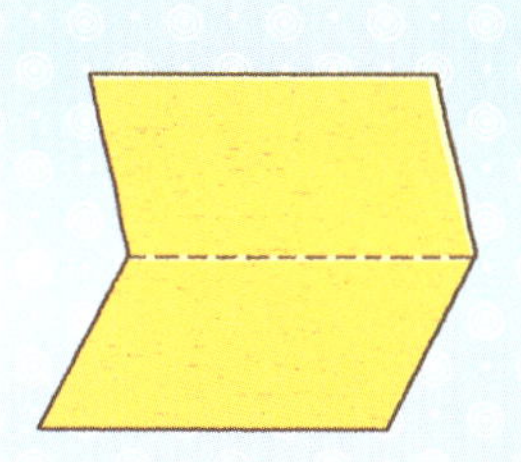

1. 종이를 반으로 접는다.

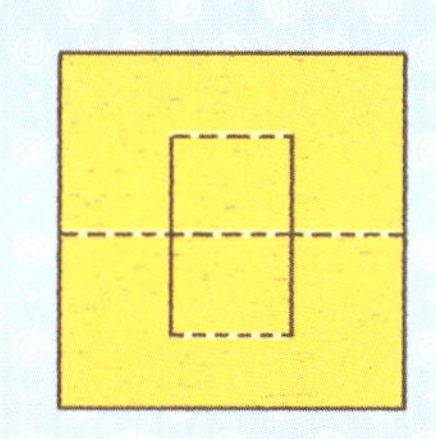

2. 종이를 세 부분으로 똑같이 나누는 점을 표시하고 가위로 접은 선에서 수직 방향으로 그림과 같이 자른다.

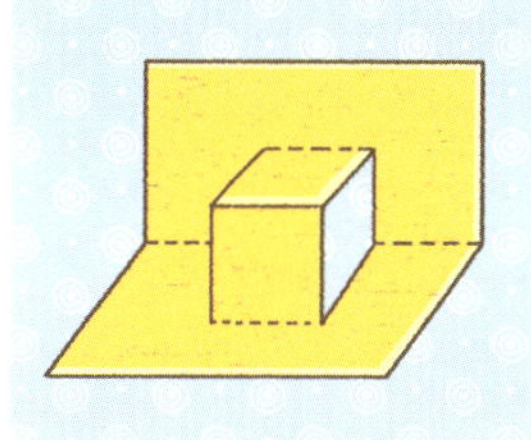

3. 종이를 펼친 다음 안쪽 부분을 잡아당겨 접은 선을 따라 다시 접어 입체를 만든다.

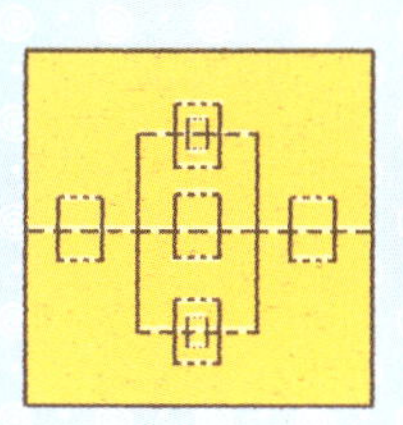

4. 1~3의 과정을 그림과 같이 반복한다.

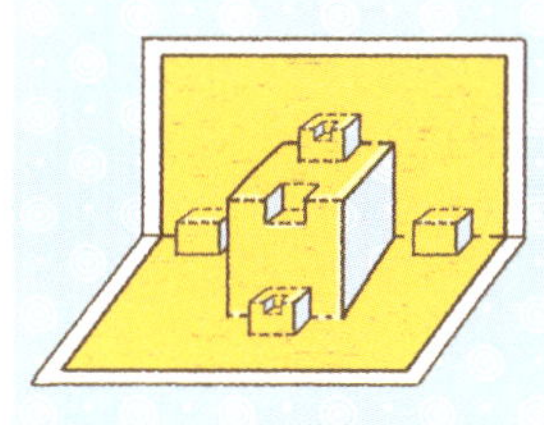

5. 완성되면 겉지를 붙여서 카드로 만든다.

증가하는 규칙과 줄어드는 규칙

프랙털 카드에서는 프랙털의 수는 3배씩 증가하고, 프랙털의 크기는 $\frac{1}{3}$ 씩 줄어든다는 규칙을 찾을 수 있다. 아이들은 3등분한 부분을 잘라서 접는 과정을 반복하면서 자연스럽게 프랙털의 수가 3배씩 늘어난다는 규칙을 이해하게 되고, 4등분을 하면 4배식, 5등분을 하면 5배씩 늘어난다는 것까지 사고를 확장할 수도 있다.

2. 패턴 애벌레

비키 바크먼이 『구성주의 수학 교실』 1학년에서 소개한 패턴블록 애벌레 활동을 수정한 것으로, 패턴블록 대신 스티커를 이용하여 애벌레 안에 그림, 도형, 숫자 등을 다양하게 넣어 규칙을 만들어 보는 내용이다.

• 준비물
애벌레 그림 도화지, 그림 스티커, 도형 스티커, 숫자 스티커, 가위

• 놀이 방법
① 애벌레의 외곽선을 그린 그림을 준비한다.
② 애벌레 그림에 A – B / A – B – C / A – B – A – B – B – A – B – B – B의 규칙으로 스

티커를 붙이고 아이들이 애벌레의 나머지 부분을 채워 보게 한다.

③ 애벌레 그림을 벽에 붙여 놓고, 아이에게 애벌레의 이름을 붙여 주게 한다.

④ 애벌레 이름을 부르며 그것과 규칙이 같은 다른 애벌레를 만들어 보게 한다.

⑤ 규칙이 같은 애벌레끼리 모아 보게 한다.

• 놀이 속의 수학

반복하는 규칙과 증가하는 규칙

애벌레를 만들면서 A − B, A − B − C와 같은 반복 규칙과 A − B − A − B − B − A − B − B − B와 같은 증가 규칙을 이해할 수 있다. 이때 스티커 2~3개만 붙여 주면 아이들은 새로운 규칙을 만들어 낼 수도 있다. 예를 들어 A − B의 스티커를 붙였다면 아이들은 A − B − C − B − A로 이어갈 수도 있고, A − B − B − A로 이어갈 수도 있다.

다른 모양, 같은 규칙

이미 만들어 놓은 애벌레의 규칙을 보고 비슷한 애벌레를 만들게 하면, 모양은 달라도 규칙이 같을 수 있다는 사실을 알게 된다. 아이들은 같은 규칙이라도 처음에 만든 애벌레와 모양이 다른 스티커를 사용하여 애벌레를 만들고 싶어 한다. 만들어 놓은 애벌레들을 같은 규칙끼리 모아 놓으면 분류한 기준인 '규칙'을 생각해 보게 된다.

삐돌이 무당벌레

시간의 패턴에 따라 이야기가 펼쳐지는 에릭 칼의 『삐돌이 무당벌레(The Grouchy Ladybug)』라는 영어 그림책을 소개한다. 이 책은 시간을 나타내는 영어 표현을 배우는 데 도움이 되며, 수학적으로는 시간과 크기가 증가하는 규칙을 탐구할 수 있는 이야기를 싣고 있다.

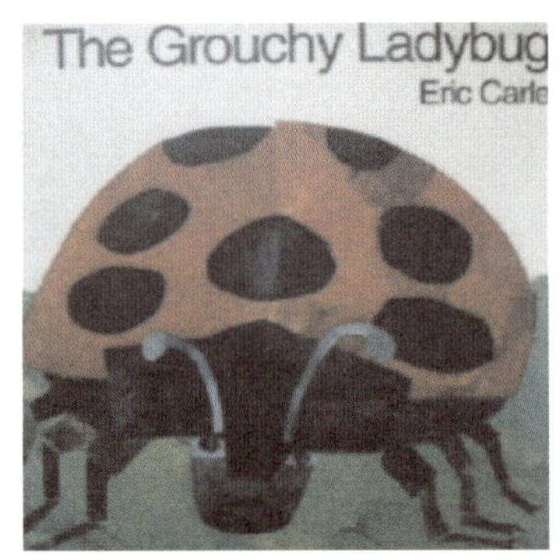

이 책에는 삐돌이 무당벌레가 다정이 무당벌레(friendly ladybug)를 만나 "자신보다 더 큰 동물과 싸울 수 있느냐"는 말을 듣고 "그럴 수 있다"고 큰소리치는 데서 시작된다. 삐돌이 무당벌레는 아침 6시부터 저녁 6시까지 매시 정각, 점점 더 큰 동물을 만나 싸움을 거는데 마침내 고래를 만나 자신의 자만심을 반성하고 다정이 무당벌레에게 돌아온다는 내용이다.

이 책은 시간별로 등장하는 동물의 크기가 커질 뿐만 아니라, 쪽수의 숫자 크기도 커지고 글씨도 커지도록 구성되어 있다. 따라서 영어 동화책이기는 하지만 그림 속에서 시간과 크기의 변화가 확연하게 드러나기 때문에 그림만 보고도 증가하는 규칙을 쉽게 이해할 수 있다. 다만 엄마는 아이가 시간의 변화와 동물의 크기 변화를 인지하면서 책을 보는지 확인해 주어야 한다.

◎ 생각해 볼 내용

- 6시부터 12시까지 순서대로 시간을 세어 보자.
- 12시부터 6시까지 거꾸로 시간을 세어 보자.
- 6시 이전 시각은 몇 시였을까?
- 12시 다음에는 몇 시가 될까?
- 시간별로 나타난 동물의 이름을 말해 보자.
- 동물의 이름을 크기가 점점 작아지는 순서로 말해 보자.
- 아침 6시부터 저녁 6시까지 시간마다 내가 하는 일을 생각해 보자.
- 아침 7시부터 아침 8시까지 10분마다 내가 하는 일을 생각해 보자.
- 내가 주인공이 되어 1시간마다, 30분마다, 10분마다 하는 일을 주제로 이야기를 꾸며 보자.

2. 알고 보면 쉬운 문제 해결

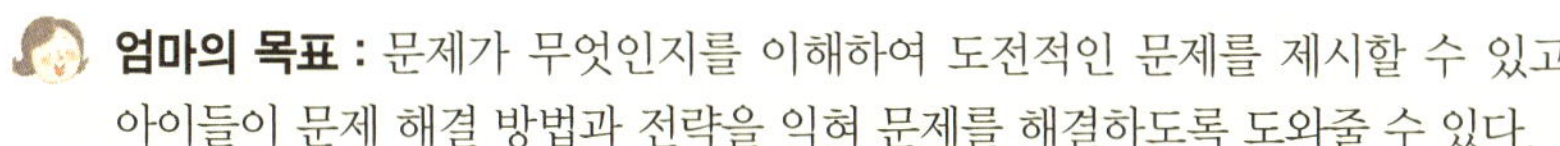

문제 해결은 단순히 '문제를 푸는 것' 이상을 의미한다. 아이가 '문제를 잘 푼다'고 해서 수학적 문제 해결력이 우수하다고 할 수는 없다. 몇 가지 문제 유형을 외워 두면 일반적인 문제는 잘 풀 수 있기 때문이다. 그러나 유형을 외워서 문제를 푸는 아이들은 생소한 문제가 닥치면 새로운 문제 유형에 겁을 먹고는 쉽게 문제 해결을 포기하게 된다.

문제 해결 능력의 핵심은 문제 상황이 주어졌을 때 아이들이 기존에 가지고 있는 지식, 기술, 이해 등을 언제, 어떻게 적용할 것인가를 판단하는 것이다. 즉, 주어진 상황에 어떤 내용과 방법을 이용하여 해결할지를 계획하고, 그 계획대로 문제를 해결한 후에 해결 과정을 반성하는 종합적인 사고 과정이 문제 해결이다.

문제 해결 능력은 아이가 스스로 쉽게 기를 수 있는 것이 아니고, 옆에서 도와주는 것도 매우 어려운 일이다. 하지만 1~2학년 때부터 문제 해결 방법을 다양하게 경험하면 문제를 앞에 두고 두려워하지 않게 된다. 이 책을 잘 따라하다 보면 문제 해결도 생각보다는 쉽다는 것을 깨닫게 될 것이다.

1. 엄마가 먼저 챙겨야 할 수학 상식

(1) 문제란?

문제란 즉각적으로 답을 구할 수 없어서, 자신의 지식이나 기술, 이해력 등을 이용해 해결해야 하는 상황을 말한다.

같은 상황이라고 할지라도 즉각적으로 답을 구할 수 있는 사람에게는 문제가 되지 않지만, 즉각적으로 답을 구하기 어려운 사람에게는 문제로 여겨질 수 있다.

그렇다면 좋은 문제란 무엇일까? 문제란 기억한 사실을 대답하는 '질문'이나, 배운 기능을 반복하는 '연습'과는 다르다. 일반적으로 많은 사람들이 '문장제'를 문제라고 여기고, 문장제를 해결하는 것이 문제 해결이라고 생각한다. 그러나 문장제라고 할지라도 즉각적으로 답을 구할 수 있다면 문제라고 할 수 없다. 좋은 문제를 감별하고 싶다면 아이가 그 문제를 해결하면서 '사고를 하는가?'를 판단 기준으로 삼아 보자. 무엇인가 곰곰이 생각하면서 적고, 그림을 그리고, 여러 가지 방법을 사용한다면 아이의 머릿속에서는 분명 '사고'가 작동하고 있다. 아이는 문제를 보고 '어렵다'고 말할지도 모른다. 그러나 그 어려움을 해결하고 나면 아이의 사고는 한 단계 업그레이드되어 있을 것이다.

(2) 문제 해결의 발견술

수학자 폴야는 문제 해결에 도움이 되는 발견술을 단계별로 제시했다. 각 단계는 일반적으로 순서대로 나타나지만, 앞뒤가 뒤바뀌거나 지그재그식으로 이루어질 수도 있다. 폴야의 문제 해결 발견술은 학부모가 다음과 같은 질문으로 적용할 수 있다.

1단계 : 문제 이해

- 문제에서 구하라는 것이 무엇이지?
- 문제를 짧게 나누어 볼까?
- 문제에 알려 준 것은 무엇이지?

- 더 알아야 할 것은 무엇이지?

- 아직 모르는 것은 어떻게 표시하면 좋을까?

- 필요 없는 조건은 없니?

- 문제 상황을 그림이나 기호로 나타내 볼까?

2단계 : 해결 계획

- 이전에 비슷한 문제를 풀어 본 적이 있니?

- 이전에 풀었던 방법을 이용할 수 있을까?

- 문제에서 사용된 용어의 정의를 떠올려 본다.(예 : 어떤 모양을 세모라고 하지?)

- 문제가 잘 풀리지 않으면 단순한 문제 상황으로 제시한다.

  (예 : 35+27의 문제 상황을 3+2의 문제 상황으로 단순화하여 제시한다.)

- 문제 상황에 맞게 식을 세워 볼까?

- 문제에서 알려 준 것은 모두 사용했니?

3단계 : 계획 실행

- 문제는 정확히 이해했니?

- 문제를 해결한 방법이 옳은지 확인해 볼까?

- 문제를 정확히 해결했니?

4단계 : 반성

- 풀이 과정에서 틀린 곳은 없니?

- 문제에서 구하라고 한 것을 맞게 구했니?

- 다른 방법으로도 해결할 수 있을까?

- 다른 방법으로 해결해도 답이 같게 나오니?

- 다른 문제에도 이 방법을 이용할 수 있을까?

2. 우리 아이 교과서 엿보기

문제 해결을 위한 전략으로는 실제로 해 보기, 그림 그리기, 식을 만들어 해결하기, 예상하고 확인하기, 거꾸로 풀기, 표 만들기, 규칙 찾기, 단순화하기 등이 있다. 1~2학년 교과서에서는 식을 만들어 해결하기, 그림 그리기, 실제로 해 보기, 규칙 찾기, 거꾸로 해 보기의 전략이 제시되어 있지만, 반드시 교과서에 제시된 전략을 사용해야 하는 것은 아니다.

(1) 식을 세워 문제 해결하기

'식 세우기' 전략은 1학년 2학기와 2학년 1학기에서는 덧셈과 뺄셈에서, 2학년 2학기에서는 곱셈에서 다룬다. 사칙연산을 배울 때 자주 사용한다. 다음은 고리 13개와 공 5개를 비교하여 그 차이를 구하는 상황이다.

문제 상황을 뺄셈식으로 세우는 전략을 사용한다. 13-5=6이므로 고리가 공보다 6개가 더 많다는 것을 알 수 있다. 식 세우기 전략을 사용할 때는 문제 상황이 덧셈, 뺄셈, 곱셈, 나눗셈 중에 어느 것에 해당되는지를 파악하는 것이 중요하다. 덧셈 상황이라 할지라도 첨가(보태는 경우)와 합병(두 가지가 합쳐지는 경우)이 있고, 뺄셈 상황에도 구잔(나머지를 구하는 경우)와 구차(차이를 구하는 경우)가 있다. 아이들이 단순히 "모두 얼마입니까?"는 덧셈, "남은 것은 얼마입니까?"는 뺄셈이라고 문구를 외워서 식을 세우는 습관을 들이면 문제 상황이 조금만 복잡해져도 식을 잘못 세우게 된다. 이런 오류를 방지하기 위해서는 문제 상황을 충분히 이해하는 과정이 필요하다.

(2) □가 있는 식 세워 문제 해결하기

1학년 2학기에는 덧셈과 뺄셈 상황에서 2학년 2학기에서는 곱셈 상황에서 미지수가 있는 식을 세우고 2학년 1학기의 6단원에서는 식 만들기가 별도 단원으로 제시되어 있다. 미지수가 있는 식을 세우는 전략은 아래와 같은 방법으로 다루어지고 있다.

당근 9개 중에 5개는 노란 상자에 있고, 나머지는 파란 상자에 담았다. 파란 상자에는 당근이 몇 개 있는지 구해야 하는 상황을 상상해 보자.

$$\text{당근 5개} \ + \ \text{파란상자 속 당근} \ = \ \text{당근 9개}$$
문장식

$$5 \quad + \quad \square \quad = \quad 9$$
수식

미지수가 있는 식을 세울 때는 '그림 식'이나 '문장 식'을 세우는 것이 효과적이다. 그림 식은 문제 상황을 그림으로 나타내되, 그 사이를 식으로 연결한 것이고, 문장 식은 문제 상황을 간단한 단어로 나타내고 그 사이를 식으로 연결한 것이다. 아이들이 문제를 보고 바로 식을 적는 것이 어려울 경우에는 그림 식, 문장 식을 쓴 다음 5+□=9라는 수식을 세우도록 하여 추상화하는 과정을 순차적으로 경험하게 하는 것이 도움이 된다.

(3) 그림을 그려 문제 해결하기

1학년 2학기에 제시되는 전략으로 문제 상황을 간단한 그림으로 제시하여 해결하기가 있는데, 실제 물체를 그림으로 그릴 수도 있지만 그리기가 복잡하거나 수가 많은 경우에는 동그라미나 세모, 네모, 별표 등과 같은 간단한 기호로 나타내는 것이 좋다.

앵무새 9마리가 있는데 사육사가 닭 몇 마리를 데려와 모두 19마리가 된 상황이다. 앵무새는 ■, 닭은 ★ 모양으로 나타낸다.

〈앵무새의 수를 ■로 나타내기〉

■	■	■	■	■	■	■	■	■	

그린 ★ 의 수가 10개이므로 데려온 닭의 수는 10마리이다.

(4) 실제로 해 보고 문제 해결하기

1학년 2학기에 제시된 전략으로 길을 찾아가는 방법의 수를 구하기 위해 실제로 해 보기 전략을 쓴다.

길찾기 문제는 실제로 해 보기 전략이 효과적인데, 길이 너무 복잡해지면 지나간 길을 수로 나타내면서 세는 것이 효과적이다.

(5) 규칙 찾아 문제 해결하기

규칙 찾기를 이용한 문제 해결 전략으로, 2학년 2학기에 다룬다. 문제 해결을 위해서는 규칙을 인식하는 데서 나아가 규칙을 설명하고 수로 나타낼 수 있어야 한다. 다음의 문제 상황에서 왼쪽 문제는 의자가 8개마다 반복된다는 규칙을, 오른쪽 문제는 1주일이 7일마다 반복되는 규칙을 파악하면 그 이후에 올 규칙은 어떤 것이든 쉽게 찾을 수 있다.

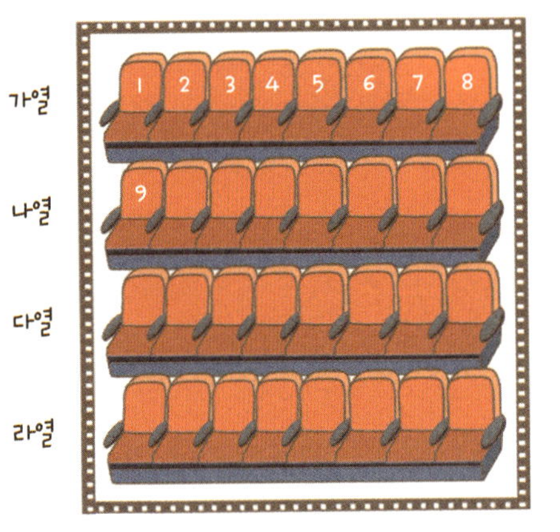

(6) 거꾸로 생각하여 문제 해결하기

2학년 2학기에 나오는 전략으로, 마지막 수에서 역연산을 거쳐 처음의 수를 구하는 방법이다. 이 전략은 문제 상황을 순서대로 정리할 수 있어야 하며, 덧셈은 뺄셈으로, 뺄셈은 덧셈으로 역연산한다는 개념을 이해해야 풀 수 있다. 이때 거꾸로 생각하기 전략에서는 덧셈은 무조건 뺄셈으로, 뺄셈은 무조건 덧셈으로 계산한다고 이해하는 것이 아니라 양이 증가하고 줄어드는 양감을 통해 거꾸로 계산하는 방법을 이해하도록 지도해야 한다.

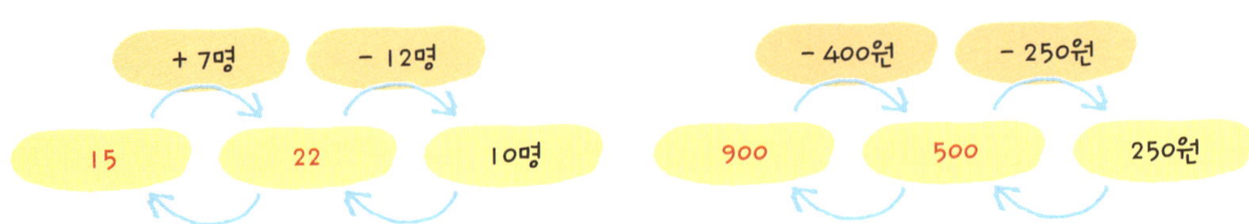

1. 문장제 문제 만들기가 어렵다

수로 제시된 문제는 잘 해결하는 아이가 문장으로 된 문제만 나오면 어려워하는 경우가 있다. 그 이유는 아이들이 수학적 문제 해결 능력이 떨어져서라기보다는 언어 능력이 충분히 발달되지 않았기 때문일 수 있다.

특히 저학년 아이들은 이제 국어를 체계적으로 배우기 시작했기 때문에, 문장으로 이루어진 수학 문제를 이해하는 것이 매우 어렵다. 이런 경우는 어려운 문제를 계속해서 제시할 것이 아니라, 가장 쉬운 문장제 문제를 선택하여 엄마가 문제를 읽어주면서 이해했는지 확인하고, 점차 아이가 읽어보게 하고 이해도를 확인하는 방법으로 지도해야 한다.

또한 문제에서 핵심 단어에 동그라미를 하거나 밑줄을 그으면서 식을 만들 수 있는 단서를 찾아내는 습관을 들이도록 해야 한다.

닭이 어제는 달걀을 2개 낳고, 오늘은 3개를 낳았습니다.

닭이 낳은 달걀은 모두 몇 개입니까?' → 2+3=5

답은 아는데 풀이 과정을 쓰지 못하는 경우도 있다. 이런 경우 '쓰기'에 대한 부정적인 생각을 가지고 있거나 쓰는 방법을 모르는 것이 원인일 수 있다. 아이들은 일단 쓰는 것을 매우 귀찮아한다. 그래서 알고 있더라도 쓰지 않으려고 하며, 쓰더라도 대충 숫자로 식을 쓰는 정도이다. 또한 쓰기에 익숙하지 않기 때문에 어떻게 써야할지 몰라 시도조차 하지 않는 경우가 많다. 이런 경우는 먼저 아이가 '쓰기' 대신 '말'로 설명해 보도록 하고, 말로 설명한 것을 글로 나타내는 방법을 시범으로 보여주면서 두려움을 줄여나간다.

시험지에 '34-8이 되도록 문제를 만들어 보세요.'라는 문제가 제시된 상황. 아이가 '34에서 8을 빼면 얼마가 됩니까?'라고 문제를 만든다. 엄마가 "민영아, 책에 나온 문제처럼 실제로 동물이나 물건을 이용해서 문제를 만들어 볼까?"라고 제시하자 아니는 문제를 고친다. '구슬 34개에서 8개를 빼면 얼마가 됩니까?'

민영이가 만든 문장제 문제는 무엇이 잘못 되었을까? 민영이가 만든 문제를 풀어 보면 무엇이 잘못되었는지 쉽게 찾을 수 있다.

이 문제는 '34-8'의 개념을 정확히 이해하여 문장제 문제로 나타낼 수 있는가를 알아보기 위한 의도로 낸 것이다. 그러나 민영이가 만든 문제는 34-8을 계산하기만 하면 된다. 민영이가 만든 두 문제에서는 34에서 8을 뺀 나머지를 구하는 '구잔 (나머지 구하기)' 개념이나 34와 8의 차이를 구하는 '구차(차이 구하기)' 개념을 이해하고 있는지를 파악할 수가 없다. 수학적 개념을 드

러내지 못하는 잘못된 문장제 문제다. 2007 개정 교육 과정에서는 '수학적 의사소통'을 강조하면
서 '덧셈과 뺄셈의 개념을 정확히 설명할 수 있는가' 하는 능력이 중요하다.

2. 2가지 이상의 방법으로 해결하기

　문제 해결 전략에는 직접 해보기, 그림 그리기, 식 세워 해결하기, 규칙을 찾아 해결하기, 예상
하고 확인하기, 거꾸로 생각하여 해결하기 등이 있다.

　교과서에서는 문제 상황별로 가장 적합한 전략을 안내하고 있는데, 이는 아이들이 여러 가지
해결 방법을 탐색할 수 있는 기회를 제한한다. 이러한 한계를 보완하기 위해서는 한 가지 문제
상황을 2가지 이상의 방법으로 해결해 보도록 하여, 문제를 여러 가지 방법으로도 해결할 수 있
다는 것을 알게 한다.

3. 문장제 문제 만들기, 어떻게 지도해야 할까?

　문장제 문제를 덧셈, 뺄셈, 곱셈, 나눗셈 등으로 분류하고, 다시 세부적으로 덧셈에서는 첨가
(보태기) / 합병 (합하기), 뺄셈은 구잔 / 구차로 세분화하여 분류하고 문제를 모아 놓는다. 다음에서
는 '첨가'하는 문제 만들기를 예로 살펴보자.

동물원에 기린 3마리가 있습니다. 옆에 있던 코끼리 2마리가 우리 안으로 들어왔다면 우리 안에는
동물이 모두 몇 마리가 있습니까?

다음 단계로 각 유형에 해당하는 문제를 읽어 이해한 다음, 문제 상황에 맞는 식 쓰기를 반복한다. 10개 정도의 문제를 읽고 식을 써 보고 난 다음에는 문제의 소재와 마지막 질문을 아이가 직접 쓸 수 있도록 빈칸을 만들어 채우게 한다.

첨가

__________이 3마리 있습니다. 우리 안에 _______가 2마리 더 들어왔다면__________?

마지막으로 문제의 소재만 제시한 다음, 아이가 문제 상황을 만들어 볼 수 있도록 빈칸을 만들어 준다.

첨가

기린, 코끼리

____

____

각 유형별로 위의 단계를 거쳐 문제 만들기를 연습하면서 아이가 덧셈, 뺄셈, 곱셈, 나눗셈에 대한 개념을 정확히 이해하고 있는지 살펴보는 것이 중요하다.

아이가 잘못된 문제를 만들었을 때 엄마가 직접 고쳐 주는 것은 큰 효과가 없다. 다른 사람이 만든 문제를 보여 주고 아이가 스스로 잘못된 점을 찾아서 문제를 고치게 해야 학습 효과가 나타난다.

1. 4단계 문제 해결

다음에서는 발견술을 이용한 발문을 통해 문제 해결을 지도하는 장면을 소개한다.

> 흰 바둑돌 1개와 검은 바둑돌 2개가 있습니다. 이 바둑돌 3개를 한 줄로 놓아 보시오. 모두 몇 가지 모양이 나옵니까?

• 1단계 : 문제 이해

• 문제에서 구하라는 것이 무엇이지?

– 바둑돌 3개를 한 줄로 놓는 방법을 물어보고 있어요.
• 문제에 알려 준 것은 무엇이지?

– 흰 바둑돌이 1개이고, 검은 바둑돌은 2개예요.
• 더 알아야 할 것은 무엇이지?

– 검은색 2개는 순서를 바꿔도 같은 모양이라는 것이에요.
• 필요 없는 조건은 없니?

– 없어요.
• 문제 상황을 그림이나 기호로 나타내 볼까?

– 그림으로 나타내 본다.(○ ●●   ●○●   ●●○)

– 기호로 나타내 본다.(흰검검 검흰검 검검흰)

• 2단계 : 해결 계획

• 이전에 비슷한 문제를 풀어 본 적이 있니?

– 바둑돌을 놓는 문제는 풀어 본 적이 있어요.
• 이전에는 어떤 방법으로 문제를 풀었니? 그 방법을 이 문제에도 이용할 수 있을까?

– 직접 바둑돌을 놓아서 문제를 풀었어요. 이 문제에도 바둑돌이 나오니까 직접 바둑돌을 놓아 보면 될 것 같아요.
• **여러 가지 방법 중 어떤 방법을 이용하면 좋을까?**

– 바둑돌을 놓으면 정확히 알 수 있으니까 바둑돌을 직접 놓아서 풀어 볼게요.

• 3단계 : 계획 실행

• 네가 말한 방법으로 흰 바둑돌 1개와 검은 바둑돌 1개를 놓는 방법을 찾아보렴.

　– ○ ●, ● ○ 2가지 방법이 있어요.

• **이번에는 바둑돌을 놓아서 흰 바둑돌 1개와 검은 바둑돌 2개를 놓는 방법을 찾아보렴.**

　– ○ ● ●, ● ○ ●

• 4단계 : 반성

• **풀이 과정에서 틀린 곳은 없는지 확인해 볼래?**

　– 흰 바둑돌 1개와 검은 바둑돌 2개를 놓는 방법이 하나 더 있어요.

　● ● ○ 이렇게 놓을 수 있어요.

• 문제에서 구하라고 한 것을 맞게 구했니?

　– ○ ● ●, ● ○ ●, ● ● ○ 이니까 답은 3가지예요.

• 다른 방법으로도 해결할 수 있을까?

　– 직접 해 보지 않고 바둑돌을 그려서 할 수 있을 것 같아요.

• 다른 방법으로 해결해 볼래? 그래도 답이 같게 나오니?

　– ○ ● ●, ● ○ ●, ● ● ○, 3가지가 나와요.

• 다른 문제에도 이 방법을 이용할 수 있을까?

　– 바둑돌이 나오는 문제는 이렇게 직접 놓아 보거나 그림을 그려서 하면 될 것 같아요.

이는 각 단계별로 할 수 있는 발문(아이들의 사고를 요구하는 질문)을 자세하게 소개한 것으로, 그대로 따르거나 모두 할 필요는 없다. 다만 문제 해결의 초기 단계에서는 아이가 스스로 다양하고 깊이 있는 사고를 하면서 문제를 해결하지 못하기 때문에 이와 같은 발문을 해 주는 것이 효과적이고, 점차 스스로 사고하기 시작하면 진하게 표시한 핵심 발문 정도만 해 주는 것이 좋다.

문제 해결의 4단계 중에서 가장 중요한 단계는 마지막 '반성' 단계이다. 많은 시간을 들여 열심히 문제를 해결하고서도 중간 단계의 오류를 찾아내지 못하거나, 구하려고 하는 것과 다른 답

을 구해서 틀리는 경우가 자주 발생한다. 이러한 오류를 예방하기 위해서는 아이가 문제 이해 단계부터 해결 계획 수립, 문제 해결 과정의 각 단계를 검토하는 '반성' 단계를 꼭 거치도록 해야 한다.

2. 문장 식 만들기

문제 해결을 위해서는 복잡한 문제 상황을 간단한 수나 식으로 나타내는 능력이 필수적이다. 우리나라 수학 교과서에서도 문제 상황을 수식으로 나타내어 답을 구하도록 하고 있지만, 실제로 문제 상황을 수식으로 나타내는 방법에 대한 내용이 없어 아이들은 수식으로 나타내는 것을 어려워한다.

이에 대하여 매릴린 번스의 철학을 따르는 구성주의 수학 교육자들은 문제 이해와 추상화 능력에 도움이 되는 문장 식을 제안하고 있다. 문장 식은 수식보다 덜 추상화된 형태의 식이며, 예를 들어 다음과 같이 나타낼 수 있다.

한 줄에 8칸 × 4줄 = 4줄에는 모두 32칸

원 하나에 별 8개 × 원 4개 = 원 4개에는 별이 모두 32개

이 두 가지는 모두 8 × 4 = 32라고 나타낼 수 있다. 이와 같이 복잡한 문제 상황을 문장 식으로 만들고 나서 수식으로 나타내면 문제 상황에서 바로 수식으로 나타낼 때보다 식을 잘못 세울 확률이 줄어든다. 또한 아이들에게 문장 식을 써 보게 하는 것은 아이들이 개념을 정확하게 이해하고 있는지 파악할 수 있게 해 준다. 아이들이 8 × 4는 32라는 것은 알지만 8 × 4가 8개씩 4묶음, 8칸씩 4줄이 된다는 것은 이해하지 못하는 경우가 많다. 8 × 4를 개념적으로 이해하지 못하는 아이들은 문장 식을 쓰면서 8 × 4의 곱셈 개념을 이해할 수 있다.

3. 2가지 이상의 방법으로 해결하기

1. 문제 상황 파악

강당에 여럿이 앉을 수 있는 의자가 5개가 있습니다. 모두 35명이 앉는다면 긴 의자 한 개에는 몇 명씩 앉아야 합니다.

2. 문제 해결 방법 탐색

방법1 – 그림 그리기

의자 5개와 사람 35명을 간단한 그림으로 나타내어 한 의자에 몇 명이 앉아야 하는지 세어
본다.

방법2 – 식 세우기

의자 한 개에 앉는 사람을 □명이라고 하여 곱셈식을 세운다.

$\square \times 5 = 35$

$\square = 35 \div 5 = 7$

방법3 – 예상하고 확인하기

의자에 앉을 사람의 수를 어림으로 예상한 다음, 의자 5개일 때 모두 35명이 되는지 확인해
본다.

  의자에 5명씩 앉을 경우: 의자 1개에 5명×의자 5개=모두 25명

  의자에 6명씩 앉을 경우: 의자 1개에 6명×의자 5개=모두 30명

  의자에 7명씩 앉을 경우: 의자 1개에 7명×의자 5개=모두 35명

3. 문제 해결 방법 선택 및 해결

한 가지 문제를 해결하는 방법이 여러 가지가 있음을 알고, 다른 방법으로 해결해도 같은 답
이 나오는지 확인한다.

4. 문제 해결에 대한 반성

문제 상황에 가장 적합한 해결 방법은 무엇인지 파악하여, 다음의 문제 해결에 활용한다.

신기한 열매

이 장에서는 안노 미쓰마사의 『신기한 열매』(비룡소)라는 수학 그림 동화를 소개하고자 한다. 이 책은 안노 미쓰마사가 지은 수학 그림 동화 시리즈 중 하나로 초등학교 1~2학년을 대상으로 하는 덧셈, 뺄셈의 원리를 이야기로 풀어 나가고, 곱셈의 원리까지 이해하도록 도와준다.

어느 게으름뱅이 남자가 겪는 사건과, 상황에 따라 변하는 열매의 개수를 세어 보는 이야기이다. 어디서 나타난 노인이 열매 2개를 주고 가자 게으름뱅이 남자는 1개를 먹고 나머지 1개를 땅에 심는다. 땅에 심은 1개의 열매에서 2개의 열매가 나오자 남자는 다시 1개는 먹고 1개를 심는다. 이것을 반복해도 열매가 늘어나지 않자 생각을 바꾼 게으름뱅이 남자는 2개를 모두 다 심는다. 그 결과는 어떻게 되었을까? 이후에 남자는 결혼을 하고 아이를 낳아 식구가 생기며, 열매를 팔기도 하고 폭풍우를 만나 잃어버리기도 한다. 이야기를 읽으면서 아이들은 큰 수의 덧셈과 뺄셈을 하게 되고, 반복적인 덧셈을 통해 곱셈의 원리를 이해할 수 있다.

아이들은 시험지에 제시된 문제는 싫어하지만, 이야기 속의 문제는 문제라고 생각하지 않고 재미있게 해결한다. 아이와 함께 그림 동화를 읽다 보면 아이가 자연스럽게 문제 상황을 이해하고, 그 상황에 적절한 연산을 찾아내어 답을 구해 해결하는 모습을 볼 수 있을 것이다. 아래 질문할 내용은 동화를 처음 읽을 때는 질문하지 않아도 좋다. 아이가 이야기를 제대로 이해하기 전에 이런 질문을 던지면 이야기에 흥미를 잃을 수 있으니 이야기를 충분히 이해한 다음에 질문하는 것이 좋다.

◎ 생각해 볼 수 있는 질문

- 열매는 몇 개가 되었을까?
- 상황을 덧셈 식으로 나타낼 수 있을까?
- 상황을 뺄셈 식으로 나타낼 수 있을까?
- 덧셈 여러 개를 곱셈으로 나타낼 수 있을까?
- 열매가 ～하기 전에는 몇 개였지?
- 노인이 준 열매의 개수가 3개라면 게으른 남자는 열매를 어떻게 했을까?
- 열매의 개수가 2배로 늘어난다면 이야기는 어떻게 달라질까?

초등 3, 4학년 수학, 어떻게 대비할까?

초등학교 수학은 3학년 때부터 조금씩 어려워지고, 4학년 때는 조금 더, 그리고 5학년부터는 매우 어려워집니다. 그러나 교과 내용이 어려워진다고 해서 학생들이 접근할 수 없을 만큼 어려워지는 것은 아닙니다. 영역별로 조금씩 심화되어 가는 것이라고 생각하시면 됩니다. 그렇다면 아이의 3~4학년 수학을 어떻게 준비시키면 좋을까요?

첫째, 가장 중요한 것은 아이에게 학교 수업 시간에 집중할 수 있도록 지도하는 것입니다. 대부분의 학생들이 선행 학습을 하면서 단순히 문제를 풀기만 하고 개념은 정확히 형성하지 않은 상태에서 학교 수업을 듣게 되지요. 이때 아이들은 개념을 심어 주려는 학교 선생님의 수업을 제대로 듣지 않습니다. 학교 현장에서 선생님들이 가장 걱정하는 부분입니다. 수학은 단순한 문제 풀이 과목이 아닙니다. 아이는 수학 개념을 갖추고 그 개념을 활용해야 하는데 그저 활용하는 법만 배우고 다 배웠다고 생각하고 말지요. 그것은 기초를 제대로 쌓은 것이 아니라서 그리 오래가지 못하는 지식이 되어 버리고 맙니다. 학교 수업 시간에 집중하는 태도를 1~2학년 때부터 길러 주는 것이 매우 중요합니다.

둘째, 지나친 선행 학습은 좋지 않습니다. 교과서 내용 전체를 다루는 무조건적인 선행 학습으로 인해 아이가 학교 수업 시간을 필요하지 않은 것으로 느낀다면 그건 실패라고 할 수밖에 없습니다. 선행 학습을 시키고 싶다면 문제집 한 권을 정해서 기본 부분만 해결하게 하는 것이 좋습니다. 맛만 살짝 볼 수 있도록 하는 것이지요. 그런 다음, 아이가 수업을 듣고 복습을 더 열심히 하는 쪽으로 방향을 잡아 주는 것이 좋습니다. 예습도 중요하지만 복습은 예습을 능가하는 매우 중요한 공부 습관입니다. 복습을 철저히 할 수 있도록 어렸을 때부터 습관을 들여 주는 것이 좋습니다.

셋째, 공부 습관에서 국어 독해 능력 또한 중요하므로 독서 습관을 길러 줘야 합니다. 수학 문제를 풀다 보면 문장제 문제를 많이 접하게 됩니다. 숫자로 된 문제는 쉽게 푸는 아이들이 문장제 문제를 보면 당황하며 해결할 엄두를 내지 못하는 경우가 많습니다. 전혀 어려운 문제가 아닌데도 문제의 길이가 길어지면 해결할 시도조차 하지 않습니다. 이는 독서 능력이 부족하여 생긴 결과입니다. 수학과 국어, 영어는 모든 공부를 하는 데 필요한 도구 교과라고 할 수 있습니다. 따라서 수학을 하는 데에도 국어는 매우 중요합니다. 계산만 잘한다고 수학을 잘하는 건 아닙니다. 1~2학년 때부터, 아니 유치원 때부터 독서 습관을 길러 주는 것이 필요합니다.

마지막으로 아이들에게 수학에 대한 자신감을 길러 줘야 합니다. 수학 점수가 떨어지면 아이를 혼내는 등 부모님이 점수에 너무 민감하게 반응하면 아이는 수학에 자신감과 흥미를 잃을 수 있습니다. 아이는 실수할 수 있습니다. 부모님도 실수를 통해 꼼꼼하게 점검하는 습관이 생겼듯이 아이들도 마찬가지입니다. 시험을 보면서 실수도 하고, 더 이상 실수를 반복하지 않으려는 노력 속에서 검토하는 습관이 생기게 마련입니다. 이때 너무 성급하게 재촉하지 말고 아이가 스스로 느껴서 그런 습관을 들이도록 기다려 주어야 합니다.

1, 2학년 때 기초를 잘 쌓고 그 위에 계단을 몇 개 더 쌓는 것이 3, 4학년 과정이라고 할 수 있습니다. 너무 조급하게 생각하지 말고 아이를 뒤에서 응원하며 아이가 단계를 잘 밟아 나갈 수 있도록 지켜봐 주세요. 때로 아이가 실패하면 잘할 수 있다고 격려하고 조언해 주며 바르게 갈 수 있도록 기다려 주세요. 부모님이 아이에게 공부에 대한 자신감을 줄 수 있다면 그게 가장 좋은 선물 아닐까요?